U0117555

文學叢刊

陳福成著

王學忠籲天詩錄

——讀《我知道風兒朝哪個方向吹》的擴張思索

文史哲出版社印行

國家圖書館出版品預行編目資料

王學忠籲天詩錄：讀《我知道風兒朝哪個方向吹》的擴張思索 / 陳福成著 . -- 初版 --
臺北市：文史哲，民 104.08
頁；　公分（文學叢刊；353）
ISBN 978-986-314-269-0（平裝）

1.王學忠 2.新詩 3.詩評 4.文集

856.186　　104015465

文學叢刊 353

王學忠籲天詩錄

讀《我知道風兒朝哪個方向吹》的擴張思索

著者：陳福成
出版者：文史哲出版社
http:// www.lapen.com.tw
e-mail：lapen@ms74.hinet.net
登記證字號：行政院新聞局版臺業字五三三七號
發行人：彭正雄
發行所：文史哲出版社
印刷者：文史哲出版社
臺北市羅斯福路一段七十二巷四號
郵政劃撥帳號：一六一八〇一七五
電話886-2-23511028 · 傳真886-2-23965656

定價新臺幣四二〇元

二〇一五年（民一〇四）八月初版

ISBN 978-986-314-269-0　　09353

王學忠籲天詩錄

——讀《我知道風兒朝哪個方向吹》的擴張思索

目　次

第二篇

書前體例說明

這是針對「中國平民詩人」王學忠的詩作賞讀，引發思考更多面向，所書寫的心得報告，不是學術研究，是嚴謹的讀書心得。

讀的是學忠的詩，但主要不是詩學欣賞或評論，書寫重點的思考，放在學忠詩作所指涉到相關社會、經濟、文化、政治改革、制度設計等問題。同時，按我所學專長，許多問題可以上綱到國防、軍事、國際關係等層面，都在論述範圍。

引用學忠的詩，為力求清楚、完整，減少任何斷章取義之可能，也為讀者方便，均整首抄錄，註明原書位置。當然，我有意介紹若干學忠詩作給台灣讀者。

王學忠的作品是詩，我的作品（本書）是透過詩心，進行社會觀察、政治探查、經濟調查，及王詩所指涉到的現代中國（含台灣）碰到的各種問題，都儘可能診查，這是二者的不同。

各章均運用若干剪報資料，基本上我當成一個「證據」或「旁註」，或進一步說明，有些也有警示作用，乃至教育的用意，但剪報必定和文章內涵相關。

針對一本詩集，寫出這樣「不是評論的評論」，也「不是賞析的賞析」，節外生枝到這個樣子，本書到底是什麼?就留給讀者自行去界定，也歡迎各家提出教正。

出版序說

——我為什麼喜愛《我知道風兒朝哪個方向吹》二書？

王學忠的十多本書我都喜愛，當然也包含最近出版的《我知道風兒朝哪個方向吹》（本書以下都簡稱《我知道》）二書，但這兩本有更特別的原因。

第一、言之有物。在《我知道》二書各作品，通常根據詩人眼所見、耳所聞的社會事件，例如先有「題記」說明，再據以創作。所以，他的作品（不論詩或散文），可謂是有根有據，「鐵證如山」，我認為這種立基於完全真實的文學作品，更有說服力、影響力，也就更能貼近民心民意，正確反映民心民意。我所期待王學忠作品能「醫人魂、救國魂、喚醒中華民族英魂」，相信是更有功能的，只要是認識方塊字的中國人，讀王詩定然會感動；就算不識字的鄉巴佬，別人唸給他聽也會感動。有感動才有共鳴，才有被啟蒙、領悟的可能。

第二、複習所學。我早年先習軍事，後學政治，尤其回顧我在政治研究所主修課程，除國際共黨、馬恩和孫中山思想，還有政治學、社會學、經濟學，乃至政治與社會發展、政黨理論等。我仔細檢視《我知道．詩歌卷》，把五十多首詩關注的問題，概分十八類，每一類都是我曾經所學，長期思索的政治和社會所反應的現實問題。讀學忠這兩本書，好像透過詩歌形式，再一次反思，複習我關心的吾國社會發展。

我從年輕時代，所學所思都是「中國問題」，中國應往何處去？兩岸應如何統一？中國的改革開放及社會問題、貧富差距等，乃至貪污腐化問題、廣大勞苦群眾生計，我從未停止關注思考。讀學忠《我知道》二書，除了文學賞析，讓我把那些關注的問題，看得更清楚。

第三、智慧書題。我知道風兒朝哪個方向吹，很有詩意，也很有智慧，合於含蓄之美。古人云：「言有盡而意無窮者，天下之至言也。」再者，表示詩人是很清醒的，知道風要往那裡吹！這個「風」可以很多解釋，從國際局勢、中國政局，到社會發展、改革方向，到文壇詩界的主流風潮；甚或詩人自己未來的努力方向，自己內心都能清楚明白。佛陀稱這個世界叫「惡濁世界」，又惡又濁，在這樣的世界，要保持清醒，把握正確的人生方向，很不容易，要很有定力和智慧。

第四、補助功能。這些年來，我讀王學忠許多作品，也讀各界評論家有關學忠詩品人的評著，深深感覺到王學忠對中國現代文壇是有影響力的，這種影響力對社會和廣大人民有「啟蒙」作用；也就是魯迅說的用文學「醫人魂、救國魂、喚醒中華民族英魂」

的功能。我對學忠作品的再詮釋、再肯定，等於對功能的再強化，我雖僅綿薄之力，相信也有助「王學忠現象」的擴大，使他的影響力範圍更廣。若能，則中華子民甚幸！我甚安心！

第五、向台灣詩壇介紹。目前兩岸雖早已開放，但因種種難以克服的客觀因素，台灣文壇詩界知道王學忠的極少。在《秋水》、《葡萄園》、《新文壇》等詩刊偶有學忠詩作，但像我這樣全面深入讀學忠作品，在台灣大概僅我一人，因此，有必要把學忠的各種著作介紹給台灣詩壇，我的著作在台灣文壇並非最夯的，但我願意為王詩的傳播盡一點小小心力；再者，台灣社會的發展（因獨派操弄）很叫人憂心，王詩可以發揮一點「醫人魂、救國魂、喚醒中華民族英魂」的功能。

《我知道》二書寫的全是目前的「中國問題」，但宏觀的體察中國的整體各面向，其實是很複雜的。從國際、國防、社會、文化、經濟、觀光、旅遊、科技等各層面看，也並非全是黑暗，有很多陽光的、欣欣向榮的（如下剪報）。

台北公館蟾蜍山萬盛草堂主人陳福成

於二〇一五年七月

RCA汙染案 判賠5.6億

2015.4.18 人間福報

纏訟11年 445人獲賠 前員工淚迎遲來正義

RCA工業汙染案昨日宣判，RCA等廠商判賠五點六億元。受害前員工拭淚迎接遲來的正義。 圖／許正宏

【本報台北訊】台灣美國無線公司（RCA）因嚴重汙染土壤及地下水，造成不少員工罹癌，RCA前員工、家屬集體提告求償二十七億元，台北地方法院昨天判決RCA和控股公司法商湯姆笙、百慕達湯姆笙公司應共同賠償五億六千多萬元，全案可上訴。

合議庭指出，RCA桃園廠生產電子及電器產品，大量使用有機溶劑，使得廠區土壤及地下水所含的有機溶劑嚴重超過整治基準，且包括國際癌症研究總署及美國環保署認定的三氯乙烯等四種致癌物，但RCA未教導或告知員工防護，因此認定與員工罹癌有因果關係，判決應賠償。

RCA公司一九九八年至一九九九年間，將三十二億元資金匯至法國的銀行，目前在台已無任何資產，法商湯姆笙是RCA的控股公司，百慕達湯姆笙是法商湯姆笙的子公司，合議庭認定RCA和控股公司惡意脫產、逃避債務，都必須負賠償責任。

由於只有桃園廠汙染嚴重，合議庭判賠的都是桃園廠員工，其他廠區員工都駁回，另外提告之初，死亡逾十年的員工遺屬也駁回，賠償金額多寡依年齡、身分、學經歷及三氯乙烯等四種致癌物導致的特定癌症個別計算，每個人的賠償金額不同。

RCA員工關懷協會共五百二十九人提告、求償二十七億元，合議庭審理後，其中一百四十一人雖未罹患惡疾，不過合議庭採納RCA員工關懷協會律師團主張未來有罹患惡疾「高風險」的主張，因此也判賠。

RCA員工關懷協會律師團召集人林永頌說，判決顯示RCA公司沒有盡責，使用的有機溶劑毒害勞工、水與大地，要證明有機溶劑跟疾病的因果關係很辛苦，類似官司在台灣很少見，法院判RCA員工關懷協會勝訴，可說是司法史上的重大突破。

RCA是美國家電大品牌公司，一九六九年來台在桃園、新竹及宜蘭設廠，一九九二年結束關廠，兩年後當時的立法委員趙少康揭發RCA桃園廠疑將有機溶劑倒入十公尺深洞裡，嚴重汙染土壤及地下水，引起社會震驚。

RCA前員工也發現不少人罹癌，他們認為公司讓員工暴露在充斥有機溶劑的工作環境中，飲用遭汙染的地下水，二〇〇四年間提告向RCA及法商湯姆笙等公司求償共二十七億元。官司纏訟約十一年，昨天一審終於宣判。

（相關新聞詳見A2版）

RCA判賠一覽表

對象	人數	金額
罹癌死亡員工遺屬	61人	最高168萬元 最低92萬元
罹癌員工或重大傷病	243人	最高447萬元 最低50萬元
未罹癌員工（有風險）	141人	最高153萬元 最低30萬元
總計	445人	5億6445萬元

資料來源／判決書　製表／人間福報編輯部

英國藍玫瑰茶
夭壽摻殺蟲劑
中國時報
2015.4.15
STORNAWAY
毒玫瑰
↑←全國擁有96家分店的飲料店，玫瑰花鹽茶飲的原料被檢出DDT等11種農藥，已由苗栗縣衛生局查扣，開始於台南市東寧路的「英國藍」生意一直不變，老闆林明宏強調自己也是受害者。
（陳慶居、曹婷婷攝）

向鸟巢出发
2008.8.18–24.
生活 周刊
众星争相“到此一游”

埔里鎮民不滿空氣品質，千餘人集體走上街頭，要求中央重視空汙問題。（楊樹煌攝）

西雙版納風情 雲南省西雙版納傣族自治州，慶祝傣曆1377年新年首屆象腳鼓舞及民族文化展演，14日在景洪市舉行，來自全州40支民族表演隊的5000餘名各族人士，展示豐富多彩的民族風貌和文化藝術。（新華社）

懸崖練台步 [illegible]2000公尺的懸崖棧道上，[illegible]走台步，[illegible]。（中新社）

第一篇

人間福報 2015.6.20.

網友諷：這個黑鍋，大貨車背定了

廣東高速公路匝道坍塌 1死4傷

又見豆腐渣工程？

【本報綜合報導】豆腐渣工程又一樁？大陸廣東粵贛高速公路一座匝道橋梁，昨凌晨三時四十分突然斷裂坍塌（圖／路透），造成四輛載重貨車墜落，一人當場死亡，四人受傷送醫。由於大陸斷橋事故頻傳，最終都遭官方歸因於貨車超載，此消息一出，網友調侃稱，「官員一看是大貨車就放心了」。

意外發生在粵贛高速的廣州往河源方向城南出口匝道，綜合陸媒報導，事故現場附近的廢品場工作人員凌晨三時許突然聽到一聲巨響，出來查看時發現匝道已斷裂倒塌。

報導指出，斷裂匝道橫跨約五公尺寬的溪流，河段長約五十公尺，匝道坍塌部分長達七十五公尺，形成一道斜坡，有鋼筋裸露出來，橋墩被壓在下面。斷裂處距離城南出口約兩百公尺，四輛大型運載瓷土礦的貨車均側翻在出口左邊，車頭都被掩埋了，損毀嚴重。

事發後，當地警方消防等部門趕抵現場救援，清晨約五時二十五分，救援人員在現場清理出一具罹難者遺體，其餘受困者全部救出，四名傷者因骨折送醫，無生命危險。

涉事的粵贛高速公路於二〇〇三年十二月動工，二〇〇五年十二月二十八日全線通車，通車不到十年，是大陸國家規畫的重點公路，粵贛兩省的運輸大通道，也是構築泛珠三角經濟圈的戰略通道。

高架道路斷裂意外在大陸屢見不鮮，二〇一二年通車未滿一年的黑龍江哈爾濱陽明灘大橋斷裂，釀成三人死亡、五人受傷；二〇一一年，一輛載滿砂石的大貨車，行經北京寶山寺白河大橋時，橋突然呈W波浪形坍塌。大陸當局對兩起事件通報皆指出，貨車有超載的情況。

昨粵贛高速意外消息傳出，引發大陸網友熱議，連地產大亨任志強也回應：「又一座？」有網友諷刺，「都怪貨車超載，橋肯定沒問題」，還有網友說，「這個黑鍋，大貨車背定了」。

最「遙遠」的距離 ▲距離台灣最近的福建平潭島，離新竹只有68海里，目前已成為當地的觀光勝地；圖為一批外地遊客在平潭島的立碑處參觀。（中通社）

第一章 我的王學忠詩研究釋疑

——兼略說學忠新著《我知道風兒朝哪個方向吹》

壹、王學忠詩研究釋疑

大約五、六年前，我偶然接觸到大陸平民詩人王學忠的作品，內心（思想）產生極大震駭和共鳴。我慢慢讀他的作品，愈讀愈多，涉入愈深，神州大地的安陽市竟有這樣的詩人，對中國詩壇將是一巨大的影響力。終於，我花了不少時間，仔細閱讀他已出版的全部著作。

對一個從未見面、也不認識的詩人，我為什麼用這麼多心思時間去研究他，或許有講不清楚的原因。但，一言蔽之，曰：他的吸引力、震撼力，他的精神、情操、勇氣和堅持吧！

我說不認識王學忠，是因為從未見面聊上兩句話。唯一的一次「見面」，是二〇〇九年十一月六日到十日，重慶西南大學新詩研究所舉辦「第三屆華文詩學國際論壇」會上，據學忠兄在他的一篇文章說，十一月七日上午在新詩所大門口拍大合照，他寫到「我與陳福成教授緊挨著，站在第二排，我左他右。」回台很久後，我卻想不起來，想不起是否聊上半句話？後經詩人老友台客提示，我似有印象！但終究沒有好好見個面，也在我心中建立了「知音」的地位，不認識、從未正式相見的知音王學忠。

二〇一一年（或更早些），我專心研讀他的作品，針對他已出版的著作有：《未穿衣裳的年華》、《善待生命》、《流韵的土地》、《挑戰命運》、《平民詩人王學忠》、《雄性石》、《王學忠詩稿》、《太陽不會流淚》、《王學忠詩歌現象評論集》、《王學忠詩歌鑒賞》、《地火》。每一本都專心的讀，每一首詩也進入他的情境思索。

以上是王學忠到二〇〇九年四月為止，他自己詩集和各界詩論評集，共十一本。我整理研讀這十一本的心得筆記，於二〇一二年四月，由台北文史哲出版社出版《中國當代平民詩人王學忠》乙書。幾年來，我和王學忠偶有書信往來，他的作品也仍常被我拿來「伴茶配酒」。經過這樣的探討、理解、研究，我對學忠兄的詩品人品，尤其是王詩的特質，我有把握應該將他「某種特質」，放在何種「評量高度」，才能彰顯王詩的價值，使其在中國詩壇（現代、未來），發揮最大影響力。

二〇一三年我有一個研究主題，以魯迅「文學醫人魂、救國魂、喚醒民族英魂」為評量標準，詩人為找尋對象。吾國文學史我一路找下來，確定屈原、李白、杜甫、陶淵明、李後主和魯迅，六個代表。（吾國歷史上的詩人，能以其作品醫人魂、救國魂者，當然可以再舉更多，只是這六位是代表，而且遊戲規則唯一「醫人魂、救國魂、喚醒民族英雄」，即評量標準只有一項，其他未計。）

六位代表早已是歷史人物，須要一位「活人」，活生生的活在當（現）代的中國詩壇。我思索許久，請出平民詩人王學忠為第七位代表，也終於在二〇一四年五月，由台北文史哲出版社出版了研究成果，《從魯迅文學醫人魂、救國魂說起：兼論中國的精神重建》，附帶的一篇頗長論文，用為呼應主題，即中國新詩的發展方向必須和中國廣大的人民群眾走在一起，才有機會談「醫人魂、救國魂」；遠離了人民群眾，詩人自己會成為要被救的對象。

《從魯迅》書出版後，引起兩岸詩壇一些不大的質疑（如下這封信、原文掃描）。當然，質疑重點在王學忠身上，和他同時代的兩岸詩人，少說有幾十萬人，怎麼只有他一人是代表？或為何是他？而不是別人！我想這大概怪我自己，沒有把「遊戲規則」講得夠清楚，引起眾多質疑。是故，本文要先做釋疑之說明。

首先，略述現代詩（即新詩）好不好的標準何在？或稱評論新詩的標準何在？這雖是千年也爭論不完的議題，因為不像數理科學有所謂「統一理論」式的答案。但不表示沒有各家共認可的通則，如王昌齡《詩格》、齊己《風騷旨格》、司空圖《二十四詩品》都是。

福成兄

我已遷居，新地址是

新北市林口区竹林路11-1号6樓

電話 (886-2-) 26020210

今後請寄新地址連絡。

謹此奉聞，並頌

時禧

夏鄭 2014.3.10

※ 我为搬家忙得辛苦不堪，所印此信也到近日才開始陸續寄出。昨天才看到近期《葡萄園》，見到你撰介紹大陸詩人王學忠的長文，不禁想說我的話。你列舉屈、陶、李、杜而接以李後主、魯迅和王學忠，認為是能在危難中救回國魂，與喚醒民族之魂的七大家。首先，李後主和魯迅就不足以詩與屈、陶、李、杜，李後主的作品有什麼救人之魂，極可能喚醒民

底層"之最底層，魯迅則新舊體詩大量地寫甚少，而藝術性也絕不是以繼屈、陶、李、杜。其思想相當反動。毛澤東以前大捧魯迅，目前其詩寶座已被[illegible]，就是所謂"國統區"作家對魯迅素來不甚與[illegible]，由於這些，我們那個"魯迅"都明白說屈原遠遠不可以學魯迅！

王學忠我以前不知道，也沒看過其詩，但從大文中引其詩題來看，頗多甚好精品。我看他也許可以與王梵志、寒山等人列為一個系統，與屈、陶、李、杜相距極遠！大陸若干極力吹捧他的人可能也是別有用心的。（其中譚五昌、張俊堅二人都是[illegible]）

我從屈、陶、李、杜以來偉大傳統上，詩文一路看下，到近代可舉出白居易、韓愈、陸游、鄭板橋、黃遵憲，[illegible]六個以上者，以"人民之魂、祖國之魂、喚醒民族魂"的代表。你對以兩人個都不在眼裡，也使我覺得很奇怪。你們作文章的最後一句說是"找回我們的階級意識"，我覺得也甚不安。文學就是要打破階級意識！[illegible]人看他也許不行啊！以為如何請再思考。

楊[illegible] 2014.5.16.

吾國唐末司空圖，提出二十四種評論詩品高低標準，是二十四種詩的風格，展現二十四種詩的不同境界：雄渾、沖淡、纖穠、沈著、高古、典雅、洗鍊、勁健、自然、含蓄、豪放、精神、縝密、疎野、清奇、委曲、實境、悲慨、形容、超詣、飄逸、曠達、流動、綺麗。

現代詩論家陳慶輝提出八個標準，言志、意象、神韻、意境、詩興、比興、神思、妙悟。素有「民族文學的良心」稱號的詩人高準先生，提出十項評判標準：境界、情操、感懷、語言、形象、音韻、結構、氣勢、風味、創意。

以上各種標準雖多，惟「意境」是中國詩（不論傳統詩詞或現代詩）最深刻的本體和藝術靈魂；意境也是中國詩不同於西洋詩最要緊的特徵。故，沒有意境，等同判了中國詩死刑。有了意境，再加上自然、氣勢、妙悟、含蓄、雄渾、情操等元素，經典之作於焉完成，這樣的作品才足以傳世。有這樣條件的詩人，當代中國（含台灣地區）如屠岸、賀敬之、余光中、洛夫、瘂弦等都是，尤其余光中號稱「兩岸第一詩人」，但我認為余詩過於學院氣息，貼不上中國廣大的底層人民群眾心裡，從以上任何標準評比，余詩都比王學忠層次更高。但曲高和寡，廣大的底層民眾無感，功能就不大！

洛夫（此刻，我正讀他的三千行長詩〈漂木〉，也是書名《漂木》），〈漂木〉一詩，氣勢磅礡，結構井然。但他至今流浪異國加拿大，除了一些大學做學術研究，全中國底層的人民群眾有誰知道，洛夫是阿狗還是阿貓？對神州大地廣大子民沒有影響！

大陸方面詩人，和學忠有淵源的如屠岸、賀敬之、魏巍，和學忠算是同時代的雁翼、北島、流沙河等，雖年齡差異大，也是同時代曾經「活著」的詩人。他們在新詩的成就，若從中國詩學、司空圖詩品來判評，目前而言，也超越王學忠。但若給學忠再「磨」個十多年，我肯定會超越他們的成就。賀敬之、雁翼、北島三位，在我心中都是大師級詩人，尤以賀敬之，早在一九五〇年代，就以一首九段五十六行的〈三門峽——梳妝台〉一詩，確定了他在中國詩壇不朽的地位，引部份段落如次：（註一）

我們來呵，我們來
崑崙山驚邙山呆：
展我治黃萬里圖，
先扎黃河腰中帶——
神門平，鬼門削，
人門三聲化塵埃！

望三門，門不在，
明日要看水閘開。
責令李白改詩句：

「黃河之水『手中』來！」
銀河星光落天下，
清水清風走東海

—引詩第六、七段—

這首詩寫於一九五八年，為黃河三門峽水壩工程而作，儘管水壩後來是不成功的，詩則已不朽，其豪情壯志竟「責令山河改」，氣勢奔放凌厲。以上所舉，台灣的余光中等，大陸賀敬之等，早已是大師級詩人，成就都在學忠兄之上。

但，為什麼要選王學忠做代表？未選頂尖的余光中或賀敬之？乃至洛夫、屠岸、北島、魏巍、雁翼、痖弦等，問題出在我訂了「唯一的遊戲規則」，「醫人魂、救國魂、喚醒民族英魂」，這是魯迅一生從事文學創作的理想和他的願力。我也等於為王學忠「量身訂做」一套「唯一的詩評標準」。是故，選他為唯一代表，以他的人品詩品身份背景影響力等，他也適合當廣大底層人民群眾的代言人，捨他其誰能？

又是故，張永健教授在王學忠《我知道風兒朝哪個方向吹》（散文、文論卷）一書序文，〈愛的大纛，恨的豐碑〉乙文中，提到台灣學者陳福成把王學忠的詩歌創作同屈原、李白、杜甫、陶淵明、李後主一起相提並論，盡管其評論有其偏頗、不準確之處……（註二）對張教授的點評，我心悅誠服的接受，因為我製訂的規則不夠宏觀，但我真是看見學忠的詩，用於現在的中國社會，可以醫人魂、救國魂、喚醒我中華民族之英魂，而且已經產生了這樣的功能。

我以為，詩人作家的作品，必須對國家、民族、社會、人民，有正面的功能或價值，才是有用的好東西；若境界比天高，典雅清純如十八姑娘，而無關於國家人民者，那真是一朵空谷幽蘭，也散發真善美，但止於自賞、自爽，其餘，就是給人觀賞吧！我的王學忠研究釋疑，就暫時在此休筆。

貳、初讀學忠《我知道風兒朝哪個方向吹》二書

學忠兄的作品，不論哪一類，對我都有很大吸引力。因此，他的每一本書，我往往是初讀、略讀、細讀、精讀，放書櫃中的明顯處，有空拿出來一讀再讀。

最近他寄來一套兩本書，《我知道風兒朝哪個方向吹》，一本是散文文論卷，一本詩歌卷。北京綫裝書局出版，二〇一四年五月。書前都放一張高健的王學忠畫像，看起來非常傳神。我初讀二書，覺得是王學忠思想的兩種表達方式。他的散文平實自然，如行雲流水，但不論他的詩或散文，尤其是詩歌卷的三輯五十八首詩，比往昔更直指問題核心，更言之有物，他的詩如一根禪宗「巨棒」，一棒棒夯在腦袋上，不悟都不行。初讀〈詩歌卷〉，我將五十幾首詩大致歸類成十八種主題範圍。

1. **貪官奸商勾結、出賣國家人民利益**：〈不能讓你們如願以償〉、〈他們死的和諧安詳〉、〈捐吧！全都捐出去〉。

2. **公職富豪睜眼說瞎話、一手遮天、破壞大地**：〈麻雀是撐死的〉、〈天大霧霾〉。

3. **公職富人的錢權威勢與貧困小民的強烈對比**：〈那天，我品嘗了一部分人的富裕〉、〈29個養一個〉、〈陰間與陽間〉、〈有一把椅子〉、〈我必須欺騙自己〉。

4. **和諧維穩政策的檢討反省**：〈維護和諧〉、〈上訪男子被擊斃〉、〈民間借貸要休矣〉、〈萬民集體討債〉。

5. **改革開放的代價和墮落面**：〈我是倒霉的一個〉、〈我無語〉、〈我不相信〉、〈開放的東莞〉。

6. **因政治和社會制度造成的貧富懸殊與制度批判**：〈仇富〉、〈資本主義〉、〈老父親〉。

7. **中國人貧弱二百年病未痊癒——媚外**：〈你的主人是流浪漢〉、〈牡丹園〉、〈我有話要說〉。

8. **改革困難、反腐反貪**：〈晒晒你們的財富〉、〈我自巋然不動〉、〈反腐風暴怒卷〉、〈反腐〉、〈是的，火不會熄滅〉、〈沒人再和你們玩〉。

9. **人民文藝**：〈人民文藝〉、〈你永遠居住在人民心裡〉、〈劉章是一棵樹〉。

10. **何為詩人？**：〈詩人須為詩而生而死〉、〈站著寫詩〉、〈我的心〉、〈敗者為寇〉。

11. **工農現況：**〈工農〉、〈我們是工農〉。

12. **民心：**〈如今都在演戲〉、〈有句話不唬你〉、〈神狗〉、〈不自由、毋寧死〉。

13. **地球上最後的黨國體制實驗場，回憶那些輝煌：**〈不能忘記〉、〈學習雷鋒〉、〈永不投降〉。

14. **高官奢華威勢、禮讚好官：**〈市長家的別墅真美〉、〈我要入黨〉。

15. **反恐、批判國際邪惡勢力：**〈反恐、反恐〉、〈「和平」總統〉。

16. **愛的思索：**〈愛的思索〉。

17. **冤獄、獄政檢討：**〈祈望悲劇不再重演〉、〈獄中記事〉。

18. **貧病家庭與社會邊緣人闖禍，誰之罪？：**〈我不知道誰之罪〉、〈發自心底的怒斥〉。

參、小　結

讀學忠兄的作品，略翻看一、二回都不夠，如讀思想家的經典，論語、孟子、老莊等，都是一讀再讀，每回讀有每回的感受和深入。在〈志同道合師生情〉那篇短文，賀振揚這麼說，「這些年收到各地朋友寄來的書，我一般只讀一二篇，很難一篇一篇讀下去，而你這本《挑戰命運》，當我讀了第一首就愛不釋手，于是，便在燈下一口氣讀完了全部詩作。」（註三）這便是王詩的吸引力，我的初讀分類是為未來細讀、精讀做準備。

素有「當代魯迅」之稱的魏巍，或許更適合擔任廣大人民群眾的代言人。在〈當代魯迅——魏巍・後記〉一文，提到魏巍和魯迅都是臧克家詩中死了「人民永遠記住他」的人，魏巍一生為人民而創作，為人民的命運吶喊！但我感覺魏巍比王學忠「命好」，他有毛主席將〈誰是最可愛的人〉的印發全軍。（註四）學忠有誰能將其作品「印發全軍」，看來是沒有，但學忠的詩可以永遠住在中華子民心中。

選擇王學忠詩做為目前兩岸詩壇上，唯一合乎「醫人魂、救國魂、喚醒民族英魂」的代表詩人，雖未經客觀普遍認定，只是個人的共鳴、感動產生的結果。他目前還算青壯，希望他堅持下去，為這一代的中國人，醫人魂、救國魂、喚醒民族英魂。（王學忠在台灣的知音，台北公館蟾蜍山萬盛草堂主人　陳福成誌於二〇一五年春）

註 釋：

註一：賀敬之，一九二四年生，山東嶧縣人，早年曾用「艾漠」為筆名，他對王學忠的影響極大，「平民詩人王學忠」七個字是賀老題寫：「從生活底層踏上精神高地，為弱勢群體唱出時代壯歌」是賀老給學忠的定位和鼓舞。在台灣，因兩岸半個多世紀之隔絕，很難找到賀老的作品，這首〈三門峽——梳妝台〉，引自高準著，《中國大陸新詩評析 1916-1979》（台北：文史哲出版社，民七十七年九月），頁三七四—三八〇。

註二：張永健，〈愛的大纛，恨的豐碑〉；王學忠，《我知道風兒朝哪個方向吹》（散文、文論卷）（北京：線裝書局，二〇一四年五月北京第一版），頁一—一四。

註三：同註二書，散文文論卷，頁一六五。

註四：同註二，頁二三〇—二三二。

第二章 貪官奸商勾結、出賣國家人民利益

當我訂出這個主題時，思考很久是否適宜？一者讓人誤解是否全中國皆如是？再者讓人以為這個世界全是黑的。若從普遍性的觀察古今世界，這世界的黑暗還真是從未「全白」過！想一想，從盤古開天闢地到現在，從古希臘羅馬到今之英美中國，從人間到天堂，「貪官奸商勾結、出賣國家人民利益」，何曾消聲絕跡過？只不過公然或暗中行之，多少程度之差別而已。很諷刺的，素來被叫「天堂」的地方，正是腐敗、亂倫、背叛、出賣事件最多的地方，諸君若讀過希臘羅馬神話故事，就會感覺到「最黑暗的地方」，怎麼會在「天堂」呢？

吾人不去管天堂如何！且多管管人間吧！貪污腐化向來是「開發中國家」政治研究的主要議題之一。言下之意，開發中國家的貪污腐化較盛行（嚴重），而「未開發」和「已開發」國家，這種問題較不嚴重。中國目前雖已是「世界第一經濟體」，但不可否認的，仍是「開發中」國家。我認為世界第一經濟體並不須要特別自傲或光榮！中國在唐朝早已是世界第一經濟體，就人口土地比例言，中國應如是；若不是，才可恥。

貪官放水

中國時報 2015 4.29.

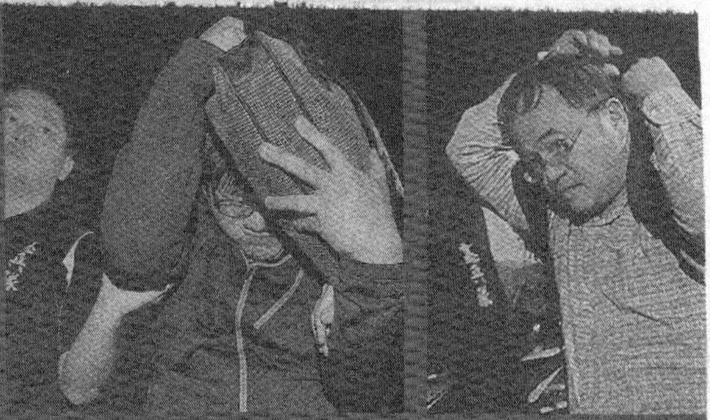

出賣良心

新北地檢署28日指揮廉政署，搜索台北關及3家業者共14處所，將桃園市衛生局管理員張恩碩（左）與關務署台北關關員楊俊源（右）等人移送複訊。（張鑄乙攝）

台北關涉包庇 日核災區生鮮全下肚

蕭博文、葉德正、蔡依珍、林宜慧／綜合報導

國境失守，6公噸毒生鮮全下肚！財政部關務署台北關關員楊俊源涉嫌接受水產業者賄賂數十萬元，洩漏查驗機密，協助業者進口日本核災區甜蝦、海帶等生鮮；另桃園市衛生局雇員張恩碩明知進口菲律賓紅蟳、泰國綠蘆筍含殺蟲劑等毒物應銷毀，卻護航業者盜賣，業者不法獲利超過1000萬元。

含殺蟲劑 護航盜賣

檢廉昨搜索台北關等14處，約談楊俊源、張恩碩及進口業者汪偉裕、謝鳳琴、李志陽、報關行業者廖恩葳、黃姓員工共7嫌到案，分依洩密、偽造文書、詐欺及貪汙、圖利等罪移送新北地檢署複訊。據了解，楊俊源坦承洩密但否認收賄，強調他拿的生鮮產品不是貪汙對價；張恩碩坦承圖利、否認收賄。檢諭令業者李志陽10萬元交保。

廉政署指出，本案是食安風暴以來，首度查辦官商勾結不法，不排除有其他公務員涉案。

檢廉查出，報關業者廖恩葳過去從事水產進口，深知門路，他利用人頭開設3間公司，多次進口可通過檢驗的產品，待信用「洗」乾淨後，再藉機夾藏問題產品，在業者小有名氣。

址設高雄市的元億水產專門進口高價生鮮，負責人汪偉裕涉嫌透過報關行業者廖恩葳行賄台北關竹圍分關關員楊俊源，取得關務署抽驗資訊，及時抽換報關資料或進口物品躲避查緝。

不甩異議 印尼今槍決9毒犯

2015.4.29 中國時報

黃文正／綜合報導

儘管國際社會疾呼槍下留人，但印尼政府不為所動，已將棺木運抵監獄，29日凌晨1時（台北時間）槍決8名外籍及1名本國籍毒犯，家屬們28日紛紛趕赴監獄見死囚最後一面。31歲澳洲籍華裔毒犯安德魯．陳27日完成遺願，在獄中與印尼女友菲揚緹結婚。

國際社會搶救無功

安德魯．陳等「峇里9人幫」成員2005年因走私海洛英遭印尼逮捕，2006年被判處死刑。澳洲、法國和菲律賓等國政府多次呼籲印尼總統佐科威人道特赦，但都徒勞無功。聯合國祕書長潘基文促請延後行刑，也未獲印尼當局正面回應。

英國《每日郵報》報導，安德魯．陳和另一名澳洲籍死囚蘇庫馬朗的辯護律師團，日前向印尼憲法法庭提出釋憲，審議印尼總統是否該給予特赦，憲法法庭同意5月12日舉行聽證會，但印尼政府毫不理會，仍按照計畫準備執行槍決。

印尼政府雖拒絕透露處決時間，但當局要求家屬們28日中午前與死囚見最後一面，加上媒體拍到運載9具白色棺木的多輛救護車駛至爪哇島中部近海的努薩安邦島監獄，且棺木十字架刻上2015年4月29日，外界預料死囚將於29日凌晨槍決。

要家屬見最後一面

這8名外籍死囚包括2名澳洲人、1名巴西人、4名奈及利亞人及1名菲律賓人，「峇里9人幫」的另1名法國籍毒犯因上訴中，暫緩執刑。

安德魯．陳和蘇庫馬朗的家屬們28日上午抵達西拉卡普鎮，準備搭船前往努薩安邦島監獄時，蘇庫馬朗的妹妹甚至因過度悲慟，癱軟在地，須賴家人攙扶才能離去。

印尼檢察總長普拉塞蒂歐說，安德魯．陳日前在獄中向印尼女友菲揚緹求婚成功，他與女友27日在獄中結婚，實現最後心願。

按政治學研究，開發中國家貪污腐化嚴重，中國是開發中國家，所以貪污腐化嚴重，這是合理的推論，卻不能視為合理，因為不論開發程度如何！佔在全民的立場，絕對是痛恨貪污腐化的。痛恨歸痛恨，會「揭竿而起」打擊貪污腐化行為的，還是極少極少。但讀王學忠的詩，你會深刻感覺到，他是提筆揭竿而起的詩人，他是詩人兼戰士，始終如一，這是他的可愛和可敬的地方。

台灣是「已開發地區」，按理說，貪污腐化應很少，難得一見才是，但實際並非如此。台灣地區的大貪官出賣人民利益（如剪報），在我的觀察，也極為普遍，可謂每週每月都有大案爆發。是故，兩岸貪官之多，似乎大巫小巫之差，若按人口土地比例來算，台灣地區的政商勾結，不顧人民死活的大賺黑心錢，可能比大陸嚴重。

這是奇怪的現象，不合「已開發地區」的政治發展理論。我思考很多年，不得其解，後來深入研究吾國歷史，找到合理的解釋。我國歷史上分裂時期的偏安政權，貪污腐化都特別嚴重，如南北朝、五代、民國初期（統一前的軍閥政權）；另一種貪污腐化很嚴重的時期，是朝代之末，如秦漢隋唐之末，宋、元、明、清之末，都是政治黑暗，人民在水深火熱中掙扎，求生不得，求死不能。此時，只要握有一點小權力的芝麻官，就一定會「以權換錢」，因為「舞台」隨時會崩垮，他要乘機快撈，能撈盡量撈，說不定明天垮台就沒得撈了。

偏安和朝代之末都屬「可預見的短命政權」，大家都知道維持不久了。現在問題要追問「中華民國已是偏安政權？到末代了嗎？」就我的觀察，國民黨人現在連「統一」也不敢說了，在台獨操弄下，也無人敢公開說「我是中國人」（註：我最近讀星雲大師作品，他在文章中說「我是中國人」）。統獨各方只說「維持現狀」。因此，我憑政治研究者、詩人、作家的良心，依我的真性情論述，不論我們叫什麼東東，已合乎中國歷史上「偏安政權」要件，即是偏安政權，當然也是短暫的，未來不出十多年，這個「現狀」必有極大改變，這種改變是中國再一次完成統一。

不論偏安的台灣地區或崛起改革中的大陸，貪官奸商勾結，出賣國家民族利益，都是人民痛恨的對象，各行各業的人民應起而討伐，以法律乃至示威遊行，弱勢人民更應團結起來，如本書〈出版緒說〉的剪報，RCA 污染案，纏訟十一年，員工終於得到「遲來的正義」。弱勢人民如果當「乖寶寶」，必然淪為魚肉，任由官商勾結宰割。所謂公平正義，是人民自己去爭才有，不會憑空從天上掉下來，人要勇於「挑戰命運」。

我所了解的王學忠，是詩人與戰士的合體，他敢掙，勇於為弱勢人民發言，讀他《挑戰命運》一書或其他作品，都能感受到他這種詩人戰士的氣質。《我知道》詩歌卷的挑戰更直接，〈不能讓你們如願以償〉一詩，可謂是向賣國貪官者挑戰的代表作，根據真實事件寫成，新華網披露：將美國孟山都、杜邦轉基因農作物種子引進，並強制在中國推廣的中國農業部副部長李某某，曾擔任兩公司顧問……整首詩有六段。（註一）

我的腦袋砰砰響
思來想去依然迷茫
到底該不該摑你耳光
其實，到下面公司做顧問
弄些銀子奔小康
在當下中國很平常
可你不該
把外國奸商的屁股當臉親
選擇圖財害命
兜售轉基因種子的
美國孟山都和杜邦

俗話說：吃水不忘掘井人
烏鴉反哺
是為了報答爹娘
一個喝人民奶長大的部長
千不該萬不該

不該為了一己私利
大筆一揮
任憑轉基因生物
鋪天蓋地
在中華大地肆虐、猖狂

大豆已不是中國大豆
玉米、高粱也不再姓炎黃
美國轉基因種子
正以急行軍的速度
一天一座城池
迅速佔領北京、天津、沈陽
千萬年來形成的
物種縱向遺傳真諦
遭遇惡魔裡應外合的夾擊
遍體鱗傷

五穀豐登
六畜興旺
如今只是一個夢想
許許多多的村庄
鼠、兔絕跡
鳥盡弓藏
千奇百怪的眾多疾病
侵襲了人和動物的六腑五臟
景況淒然、淒慘、淒涼

唉，國亡了
也許不會給你帶來一絲悲傷
帶上你的家小、綠卡
和美國奸商給的銀兩
紐約城裡不缺少別墅
曼哈頓的街頭有的是女郎
一夜情

使你銷魂落魄
美夢成真
讓你如願以償

唉唉，從轉基因
我想到沒有硝煙的戰場
只要敵人
亡我之心不死
每一個龍的傳人
都要時刻緊握手中槍
讓你和你的美國孟山都、杜邦
精心策劃的陰謀
統統泡湯

這首詩在語言運用上，完全是「老百姓的語言」，其寫實如杜甫，詩觀風格更接近白居易，白樂天善於諷諭，學忠的反諷也頗有功力。白居易認為詩應該用來「補察時政、洩導人情」，這點和王學忠一樣，白氏也善用老百姓的語言，《墨客揮犀》有一段記載：

> 白樂天每作詩，令一老嫗解之，問曰：「解否？」曰：「解」，則錄之。不解則又復之，故唐末之詩，近於鄙俚也。（註二）

所以蘇東坡評說「元輕白俗」，元是元稹，和白氏齊名，世稱「元白」，詩風相近稱「元白體」，都是通俗文體。撇開詩藝術評價不提，通俗實用才能流傳最廣，產生最大的影響力。元稹在《白氏長慶集序》說：「自有篇章以來，未有流傳如是之廣者。」白居易自己也說：

> 自長安抵江西，三四千里，凡鄉校佛寺逆旅行舟中，往往有題僕詩者；士庶僧徒孀婦處女之口，每每有詠僕詩者。（註三）

可見通俗才能廣為流傳，深入民間，產生廣泛影響力。白居易作品也流傳到日本、高麗、契丹，傳鈔白氏作品販賣，吾國歷史上鮮有詩人作品如白詩傳佈之廣，當今王學忠的詩也傳佈至海外異邦，老百姓的語言果然最得民心。

〈不能讓你們如願以償〉六段五十九行，各段有不確定、很隨性（興）的若干押韻，產生閱讀通暢感，這是王詩一貫的風格。

第一段先引出主題，利用肯定↓否定製造落差對比，**「到下面公司做顧問／弄些銀子奔小康／在當下中國很平常」**，這裡點出一個灰色地帶的問題，公務員到「下面公司做顧問賺錢，在當下中國「很平常」，似有肯定（可以這樣幹）之意；接著筆鋒一轉，給予嚴厲的批判，**「可你不該／把外國奸商的屁股當臉親／選擇圖財害命」**，這是嚴厲的控訴，圖財害命已是「現行犯」。第二、三段拉高打擊面，指控現行犯不知反哺傷害「母親」，讓轉基因生物在母國大地猖狂，如同另一種侵略戰爭，中國的城鎮又要一座座淪陷，這是很恐怖的。

第四段描繪轉基因作物對生態的殺傷力，第五段奸商把國家搞垮了，他們則在美國享受快活。第六段把「罪行」定位成一種「沒有硝煙的戰場」，所謂「沒有砲擊的戰爭」才最可怕，讓人在「不知不覺」中滅亡。詩人提出嚴重警告，這是西方列強亡我中華之心還在，龍的傳人要提高警覺，讓敵人的技倆統統泡湯。

從詩學藝術賞讀，這首詩即不含蓄、不典雅、不綺麗，而是完全實境，十分悲慨。同是貪官奸商勾結，白花花的銀子賺走了，把毒害留給同胞，污染祖國大地是〈他們死的和諧、安詳〉一詩，所述正是台灣 RCA 污染的大陸版（詳見〈出版序說〉圖片）。依題記述，中央電視台二〇一四年六月四日午間新聞報導，內蒙古托克縣工業園區，是一個集造紙、化工、染料等為一體的招商基地，由於廢水常年自然排放，形成一個約六千畝的污水湖。

〈他們死的和諧、安詳〉也是反諷手法，有「諷一勸百」之效。但我讀此詩，再回顧台灣 RCA 污染案，真是感慨萬千，怎樣兩岸兄弟「有志一同」，整首詩如下：

粼粼波光
星光、月光、陽光
忽兒紫紅
忽兒淺黃
夾雜著硫化氫、甲硫醚
一股股臭雞蛋的氣味
刺鼻嗆嗓
在內蒙古托克縣人們心上蕩漾

水波蕩漾
黑水塘、紅水塘、綠水塘
深深淺淺
大大小小
像一把珍珠撒在草原上
澇時，一片汪洋

紅日從湖面升起
霞光萬丈
入夜，太陽掉進水裡
悲壯、淒涼

死雞、死鴨
死牛、死羊
有的相偎相依
有的獨自卷縮一旁
有的好似在做夢
和諧、安詳
唯有一只野鴨
呈現反抗狀
像要展翅飛翔

忽聞一串嗩吶響
一位婆婆說

是村東頭順子下葬
那孩子心強命不強
一輩子沒娶上媳婦
窮得叮噹響
養牛死牛
養羊死羊
死前的症狀都一樣
先拉稀、後抽搐
不久死亡

婆婆說著說著
淚水汪汪
縣長講、鄉長講、村長講
大會講、小會講
只要招來了商
家家戶戶便會是小康
如今小康沒見著

卻見了閻王

婆婆話越說越多
由沮喪到激昂
如今打下的糧食
雞吃死雞
羊吃死羊
只能賣給澱粉廠
澱粉銷往北京、上海
祖國的四面八方
話畢伸出兩只手
一副無奈狀

唉，多好的百姓呀
淳樸、善良
有淚肚裡咽
所有問題自己扛
忍辱負重

不上訪、不鬧訪
私煦的風兒吹臉上
和諧、安詳（註四）

七段六十四行的白話詩，用婆婆的語言口氣說，有如站在婆婆面前，聽婆婆訴說這些悲慘的故事，任誰都懂，沒有現代詩那些「高明的意象跳躍」。但整首詩極有深意，反諷得很絕妙，詩題〈他們死的和諧、安詳〉就點出弔詭處，明明是人禍而死，應該是「死不眠目」才對，怎可能「和諧、安詳」。其中一定有問題，是人民太善良嗎？還是嘴巴被一種高壓「封」住了？或民智未開？

第一段提出問題，都是很嚴重的化學污染，但這些問題在內蒙古托克縣人們心上蕩漾，「蕩漾」二字用的斯文，表示人們對那些化學毒害幾乎「沒有反彈」？他們是「順民」嗎？

第二段對大地污染的描述，景物加以美化，也是一種反諷。那些黑、紅、綠各色化學污水池，被光線反射，竟如草原上的珍珠，霞光萬丈，太陽掉進去，也會被毒死，可見美景潛藏著危險。

果然，第三段毒死一大票生物，那些死牛死羊竟死的「和諧、安詳」，真是夠諷刺了。本段末三行另有所指，**「唯有一只野鴨／呈現反抗狀／像要展翅飛翔」**，為何絕大多數是「順民」，只有一只野鴨有反抗的「企圖」？這只野鴨是誰？是王學忠嗎？聰明的讀者猜猜看！

第四段場景轉換到婆婆說，化學污染除了造成死牛死羊，連人也死了（註：托克縣案或許沒有台灣 RCA 污染案嚴重，RCA 案死人六十多，重傷數百，詳見〈出版序說〉一文圖片剪報。）

第五段婆婆越說越傷心，因為當初縣長、鄉長、村長、大會等，講的多動聽，好像招了商便「從此以後過著幸福美滿的日子」，如今未見小康先見閻王。真是騙死人不償命！本段弦外之音是黨的控制力還是很強，當初也是透過黨系統宣傳，照理說人民要起來聲討黨的罪過；但沒有，因為小老百姓不敢！所以到第六段，說話的婆婆也只有一副無奈狀，不然有誰敢起來造反？

無人敢「造反」！就是到法院控告貪官奸商也不敢。第七段做了結論有兩層詩意，一者是這裡的百姓都是太善良（我的詮釋是順民或民智未開），災難都自己承擔，不上訪、不鬧事；再者，當局以「維穩」和諧為目前重大政策，就算有人膽敢要鬧，也一定會「被壓下去」，鬧也沒用，給自己帶來人身不安更危險！

「貪官奸商、出賣國家人民利益」，很多時候是看不出來的，甚至以「慈善」面目示眾的。所謂「五鬼搬運」貪污法，一般人根本不知道，無知無感。根據台灣在陳水扁主政時代，以改革之名，大量將公營事業「民營化」，表面上都是合法的，瞬間幾千億公家財產都入私人企業回袋，那些得利的資本家當然要給陳水扁家族好處。這種事在大陸必然更普遍，想當年鄧小平同志說：「讓部份人先富起來」，這所謂「部份人」，指的除有能力者外，更指有機會掌握權力的人，在地球上任何地方，權力都幾可等同財富！大陸因一黨執政，權力集中，權力和財富的關係就更加緊密的連結在一塊了。在〈捐吧，全都捐出去〉一詩，我看到一些鬼影飄飄、黑影幢幢。（註五）

捐吧，全都捐出去
只剩下裸官、裸體
便無所顧忌
忽一日風吹草動
立馬走人
投奔美利堅
大不列顛、奧地利
……
掠去的是銀子
留下污染、痼疾
美麗富饒的祖國

滿日瘡痍
捐款一個億
給劍橋、牛津
哈佛、約翰霍普金斯
有人說是鋪路
也有人說是財產轉移
道路修的平平坦坦
為日後開著寶馬、奔馳
揚長而去……

〈捐吧，全都捐出去〉第一、六段

捐錢是慈悲、慈善精神的實踐，有何不好？據新華網消息，二〇一四年七月二十五日，「中國之聲．新聞晚高峰」報導，中國地產大腕潘ＸＸ宣布，向美國哈佛、約翰霍普金斯，英國劍橋、牛津等名牌大學捐款一億美元，其中捐給哈佛一千五百萬美元（約九千多萬人民幣）……

一億美金（四十億台幣），對任何住在神州大地的小老百姓，王學忠或我陳某人，絕對是個不能想像的天文數字，讓我和學忠苦幹實幹一百年，也不可能賺到這麼多銀子，四十億台幣放家裡要堆滿幾個庫房？

然而，我覺得「錢的問題事小」，「心態問題事大」，學忠這首詩我讀來很感傷，為什麼海峽兩岸有這麼多的炎黃子民不知道「我是誰？」？崇洋媚外，乃至背叛國家民族的人特別多！貪官污吏奸商特別多！錢弄到國外而污染留給祖國事件特別多！好像漢奸也特別多！有時候真是覺得吾國是「生產叛國者的第一大國」？

當然，我素來喜歡研究歷史，我也可以找一個合理的解釋。窮追根底，不外是滿清中葉後的衰落，末葉到民國的百餘年貧窮，堂堂中國竟淪為「次殖民地」，炎黃子孫淪為全世界的奴才，乃至奴才的奴才，民族信心全面瓦解，豬狗不如。得了這種「奴才癌」真是很難治好，要治好也要幾十年，有的一輩子治不好，如台灣的李登輝、林佳龍（見廖天欣的短文），至今仍在懷念倭人竊台五十年的恩情，可見倭人在台奴化教育的成功；但也讓人理解，要以中華文化在台灣進行「消毒」工作，可能還要幾十年，始竟全功！

〈捐吧〉一詩也突顯出某種「似是而非」的問題，如詩的第三段**「一個億／無論美元還是人民幣／撒在地上／皆像海洋一望無際／不！在中國大腕的眼裡／算個屁／十億、百億／改革開放三十年／一部大腕誕生記」**。

兩岸隔絕半世紀，語言用法有些不同。「大腕」（也有說「大款」），意思大約是「富豪」）改革開放前，世界富豪排行榜從無大陸名單，難免給人失落感，會覺得「難到我們中國人都沒有企業家嗎?」。但這幾年來，中國的富豪、大企業家，已經在全世界大放異彩，相信很多人（統派）也會覺得「與有榮焉」！有點常識的人也一定知道，中國的貧富差距很嚴重，「大腕」雖多，窮人也還有幾億人，很多大腕到底好不好?

如果改革開放三十年，只是一部大腕誕生記，那麼，這是個大大的問題。我相信這只是「詩語言」，就像「白髮三千丈」的用法，一種誇飾，彰顯詩人對社會、經濟問題的關心程度，突顯小老百姓內心的不滿。

小老百姓的不滿，社會底層弱勢族群的悲慘命運，有誰會關注?有誰能代言?學忠在〈捐吧〉這首詩的第五段寫著，**「唉，誰人知曉/老百姓手裡的每一分錢/都來之不易/汗滴、淚滴、血滴/每滴都是個悲慘故事/開放、開發、開採/征地、圈地、失地/高樓萬丈平地起/下面無名屍體一具具/冰冷的屍體/窮人的屍體/妻子的丈夫、爹媽的兒子」**。

另有一句名言叫「一將功成萬骨枯」，我相信今天中國的崛起，中國的財力幾可「買下整個地球」，下面是數不完一具具窮人的屍體在「支撐」著，這些無名英雄都被拿來當建高樓的「基礎」。大家都知道這個事實，但絕大多數只知頌揚那成功的「一將」，有誰會提起那些被當「墊腳」的萬具白骨?就像改革開放了，出現了很多「大腕」，媒體只關注那些大腕，有誰關注可憐的小老百姓?有誰能把底層弱勢的真相公諸天下?有誰能為弱勢者代言?且能始終如一，堅持下去!有，他是中國平民詩人王學忠。

台独市长林佳龙妄图恢复台中神社

廖天欣

從林佳龍行為，可見日本在台「奴化」之成功.

上月台中市的民进党市长竟然妄图以台中市民的血汗钱，恢复祭祀为侵占台湾战死者的神社。1895年起日寇侵占台湾50年，在这50年当中的前20年台湾人民不断地以武力反抗日寇的屠杀、压迫、剥削。1915年的西来庵(噍吧哖台南县玉井镇)大屠杀惨案。日寇把民众三千二百余人集中在山坡，以一百人为一次，依次屠杀。在日寇占据台湾50年期间被杀死、刑死的台湾民众数十万人，在前 20 年武力反抗日本侵略者期间民众也杀了数以万计的侵略者。日寇为了祭祀其为侵略台湾而战死的，在台湾各地设立68座神社。

1945年8月15日，日本侵略者投降，来台接收的国民政府把台湾大大小小的神社拆除，台湾民众也都赞成把日本侵略者的遗毒消除。讵料，日寇投降滚蛋70年后的今天，口喊「爱台」实际「卖台」的台独分离主义分子台中市长林佳龙居然企图以台中市民血汗钱恢复象征日寇占据的台中神社鸟居。

全世界被杀、压迫、剥削的殖民地人莫不憎恶殖民帝国主义侵略者，在日本长期当历史学会会长的新竹县人戴国辉东大教授曾指出：「不论东洋式西洋式的殖民体制都是邪恶彰显的体制。」林佳龙妄图恢复台中神社的鸟居，这种汉奸心态、行为在韩国一定被追杀。德国为了处罚不悔改的希特勒独裁者的追随遗孽，在1994年12月1日生效的德国新刑法规定，「凡否认二战期间在纳粹集中营和瓦斯炉的大屠杀者，以煽动罪处以最高五年的禁锢刑。」

台中市民、台中市议会都有责任阻止台独市长林佳龙妄图恢复台中是神社鸟居的汉奸言行。在韩国首尔的总督府比台比的总督府又新又大，日本投降后韩国人就把它拆了。台北的总督府不但没有拆还把它当作总统府，台湾当局既无知又无耻。林佳龙要恢复台中神社，如果台北市也要把台湾神社恢复(必须把圆山饭店拆除始能在原址恢复台湾神社)台北市民不起来暴动才怪呢！

资料来源:《遠望雜誌》.2015.5月.320期(台北)P.1.

註釋：

註一：王學忠，《我知道風兒朝哪個方向吹》（詩歌卷）（北京：線裝書局，二〇一四年五月第一版），頁三九－四二。

註二：孟瑤，《中國文學史》（台北：大中國圖書公司，民國八十二年六月四版），頁二七四－二七五。

註三：同註二，頁二七六。

註四：同註一，頁四八－五一。

註五：同註一，頁一七三－一七六。

第三章　公職富豪睜眼說瞎話、一手遮天、破壞大地

讀學忠的詩，總能讓我觸類旁通，開展想像力的翅膀，碰撞許多層面的敏感問題。例如說「公務員心態」，可以說全世界有最高的一致性，差別的也僅是程度而已。這個「一致性」，大約就是「睜眼說瞎話、一手遮天」，當然也有很多真能以「服務為導向」的公務員，我不能一竿子打翻全船人。

這個「睜眼說瞎話、一手遮天」當然也是不同程度，按我的經驗和觀察，大約可以分幾種程度：極嚴重、很嚴重、嚴重、不太嚴重或有點嚴重、輕微。以我自己為例，年過六十好幾了，應該要真誠面對自己，自我反省檢討。我自己吃了輩子公家飯，算是當了一輩子公務員，大約三十歲以前，簡直是「嚴重的公務員心態」，到不惑之年還有點嚴重，五十歲後接觸佛法的眾生平等觀，讓我改善很多，才深懂人我間的平等關係，對眾生尊重才能體現人文人格更高的境界。

公務員心態在社會學家韋伯（Max Weber）的理論有正面價值，韋伯稱「組織」為「官僚」（Bureaucracies），尤其經由權力（Power）和權威（Authority）形成的「金字塔」組織結構，都是完全理性、分工不可破壞的，所有組織人員都在固定的法令職權運作，「依法辦事」原意甚佳。可能是人終究是「感情動物」，依法辦事排除人情關係，加上人有自私、利己的天性，凡事「多一事不如少一事」的本性，「官僚組織」很快被污名化，聽到「官僚」二字就叫人反感，嚴重的官僚更可能激起革命或造反。

官僚也大致是指稱公務員，因此「公務員心態」在當下的社會也成為負面形像，明顯的時候就被說成「睜眼說瞎話、一手遮天」，可謂完全污名。但我前面說了，這是有程度差別的，通常低度開發國家最嚴重，開發中國家次嚴重，已開發國家（地區）較不嚴重。為何有如此不同？還待回到本質面，權力分配和公開程度，已開發的先進國家已建立較佳制度、權力分散，較多的公開公平競爭，公務員較不敢有太嚴重的官僚心態，甚至有一點馬上被轟得滿頭包，乃至丟了飯碗。

但低度和開發中地區（國家），大多權力很集中，權力又通常等同財富，欠缺制衡和公平檢調，公開自由競爭管道亦少。公務員乃至錢權在握的富豪，心態就很可怕，「睜眼說瞎話、一手遮天」，簡直是一種常態，官官皆如是，只要有點錢權，就到處無法無天，到處吃人，這種事在我幾十年公職真是見多了！

大陸目前仍是開發中國家，有錢有勢又握權力的人，有嚴重的官僚氣息是合理的推論，「睜眼說瞎話、一手遮天」的人較多，也是合理的判斷。學忠〈麻雀是撐死的〉一詩，寫出了冰山的一個小角落。依他的〈題記〉說，楚天都市報二〇一四年七月二日報導，六月二十九日一艘貨船在宜昌夜明珠碼頭裝運大米，不少大米散落在地上，二十餘只麻雀在搶食後相繼死亡。事發後，宜昌權威技術部門的一名發言人說，麻雀可能是撐死的。

麻雀會吃到撐死自己嗎？這「發言人」是誰？他只是小角色，他「奉命行事」吧！頂頭上司必然是個「大腕」，富豪或大官吧！但這種新聞大陸同胞相信嗎？沒有人去找出真相嗎？讀〈麻雀是撐死的〉（註一）

我瞠目結舌
心酸酸的，酸酸的
和煦的風兒拂過
可憐的麻雀
東倒一個
西躺一個
有的伸長脖子
像是在打飽嗝

唉，自從引進了世界工廠
美麗富饒的祖國
山不再綠
水由清澈變渾濁
灰蒙蒙的天空
彌漫著汞的粉末
鎘的粉末
鉛和錳的粉末……

糧不能吃
水不能喝
白花花的銀子
一車又一車
運往美利堅、奧斯曼
大日本帝國
留下傷痕累累的山河

疾病、飢餓

這些飢腸轆轆的麻雀
來自中原、北國
看到散落地上的大米
喜悅幾多
激動幾多
紛紛沖上前去
猶如飛蛾撲火
宜昌權威技術部門的邏輯推理
讓福爾摩斯探長鼓掌、咋舌

也使我想起
每次大地震之後
那些大大小小的地震局長
高高矮矮的專家學者
總異口同聲說

「地震不可預測」
我瞠目結舌
又無可奈何……

麻雀是撐死的嗎？任何讀者心中早已有答案，學忠這首詩如同書中其他詩，我雖做了十八種分類，其實只為寫作研究上的方便。真要分析每一首詩，都有很多層次，甚至和十八種分類有關係。〈麻雀〉一詩很明顯的，也道出經濟發展的代價，高到「糧不能吃、水不能喝」，這種發展模式證明「人類不會從歷史學乖」。從歐美最早工業革命、現代化，到晚百餘年的台灣、大陸，接

人間福報

最快樂國家排行榜

【本報綜合報導】根據聯合國公布的最新全球快樂排行榜，瑞士是全世界最快樂的國家，其次依序是冰島、丹麥、挪威和加拿大；台灣在排行榜一百五十八個國家中名列第三十八，比上次排名進步四名。

聯合國在二〇一二年首次公布將快樂加以量化的「世界快樂報告」，希望成爲影響政府政策的手段，今年是第三次公布該年度報告。

擠入前十大排行榜的還有芬蘭、荷蘭、瑞典、紐西蘭和澳洲，顯示全世界最快樂的前十個國家當中，西歐和北歐中小型國家就占了七個。

西方大國中，美國僅排名第十五，還落在以色列和墨西哥後面，英國二十一、德國二十六、法國二十九。

亞洲國家排名最前面的是新加坡居第二十四，台灣三十八，日本四十六、南韓四十七，香港七十二，中國八十四。而曾在二〇〇六年的《商業周刊》調查中被列爲世界第八快樂、亞洲排名最前的不丹，在聯合國二〇一五的排行榜上只排第七十九名。

戰亂頻仍的阿富汗和敘利亞，再加入托哥、蒲隆地、貝南、盧安達、布吉納法索、象牙海岸、幾內亞和查德等八個撒哈拉沙漠以南的非洲國家，是排行榜墊底的十個國家。

這項排行榜的評分標準包括人均GDP、社會支持、健康預期壽命、人生抉擇的自由、樂於助人、貪腐感覺等六項。除了財富外，尤其重視公平、誠實、信任和健康等因素，強調經濟危機或天然災難未必能壓垮幸福。

參與編纂快樂指數的哥倫比亞大學地球研究所長沙克斯表示，排名最前的十三個國家已連續兩年相同，但次序有些變動。

他說，這些國家結合了富裕、堅強的社會支持和相對誠實、負責的政府。他解釋說，「落在領先集團後面的國家，有些是所得或社會支持不足，也可能兩者都不夠。」

2015.4.25.

名次	國家或地區	總分
1	瑞士	7.59
2	冰島	7.56
3	丹麥	7.53
4	挪威	7.52
5	加拿大	7.43
6	芬蘭	7.41
7	荷蘭	7.38
8	瑞典	7.36
9	紐西蘭	7.29
10	澳洲	7.28

亞洲主要國家排名

名次	國家或地區	總分
24	新加坡	6.79
34	泰國	6.45
38	台灣	6.29
46	日本	5.98
47	南韓	5.98
72	香港	5.47
84	中國	5.14

製表／人間福報編輯部

著更晚的越南、柬甫寨。更落後的第三世界，都要走相同模式，經過「糧不能吃、水不能喝」，奪走許多人命的關卡，笨呀！為什麼？

從這首詩情境，正好我看到大陸同胞的「快樂指數」（如剪報）。聯合國進行全球快樂排行榜調查報告，評分標準有：人均GDP、社會支持、健康預期壽命、人生抉擇的自由、樂於助人、貪污腐敗感覺等六項。

相同的六項標準，調查全世界一百五十八個國家（地區），台灣排第三十八名，大陸第八十四名，香港第七十二名，其餘詳見剪報。我對大陸的解讀是「不怎麼快樂」，甚至是「有些痛苦」的，試想**「灰蒙蒙的天空／瀰漫著這的粉末／鎘的粉末／鉛和錳的粉末……」**生命三要素陽光空氣水都是毒，那快樂得起來？還有這些問題的背後，必然還有更可怕的貪官奸商富豪的私心，他們為一己之利，葬送整個社會，毒化山河大地，死的全是一批批弱勢族群，想到這些，內心就只有痛苦了！

那些貪官奸商和洋人邪惡資本家**「白花花的銀子／一車又一車／運往美利堅、奧斯曼／大日本帝國／留下傷痕累累的山河／疾病、飢餓」**。按我的思維邏輯，這些問題（毒化的環境、疾病、飢餓），對大腕影響很小，因為大腕（包含中階層以上官員和有錢人），可以用他的能力（智力、權力、財力）住好地方，花園洋房，用大錢改善自己面臨的生活環境，判斷整個大陸總人口的兩成有此能力。「中下」層會被這些問題糾纏，尚可維持「次小康」局面。而「底層」廣大的工農等弱勢者，至少有四成人口，也就是大約四、五億人口，他們被這些問題糾纏，無力擺脫，只能聽天由命，過一天算一天。

我這樣的論述，雖非正式的學術研究，至少在我知識範圍內所做的「常識判斷」。再者，常識判斷不能說百分百一定正確，例如前述問題影響窮人很大，而影響大腕很小。但有些影響是普遍性的，例如北京霧霾，相信住北京的大腕、小腕、貪者乃至習主席，都同樣難過，讀〈天天霧霾〉。（註二）

與太陽一起來
不！晨風才揚起
山川、河流、城鎮
已裏層層霧霾
不見了碧水淙淙
明淨、輕快
縱橫交錯千萬條
彈奏著清澈、清白
唉，時過境遷
突然而至的「世界工廠」
把利潤拿走

留下污染、人禍天災
纏繞心頭的悲哀……

與太陽一起來
不！晨風才揚起
街道、學校、醫院
已裹層層霧霾
但只見大街小巷
女人、小孩
面紗口罩千萬個
罩住了美與愛
唉，今非昔比
星羅棋布的「中國加工」
把健康帶走
留下疾病、人禍天災
激蕩胸腔的憤慨……

這詩句語言用詞清楚明白，但質問許多幾乎「無解的習題」，涵富社會發展過程中層次極高的意義。我說無解的習題，是因為工業革命後，全球所有進行現代化經濟發展的國家，都走了相同的過程和模式。大約二十多年前，我認為「中國式社會主義」，有能力避開西方資本主義國家經濟發展的後遺症（環境破壞的代價）；我觀察、研究十多年，確實有些失望。中國不僅無力避開（跳過）那些可怕的問題，對山河大地物種人畜的毒化破壞，可能比某些資本主義國家更嚴重。

我始終認為大陸無心解決霧霾等污染問題，唯一的理由就是需要經濟發展之利，目前中國崛起，國防軍事要花大錢，全球競爭影響力要花大錢，重大建設如「一帶一路」更是大錢。若經濟發展失利，可能導至「中國夢」泡湯，只好犧牲環境和人命，換取經濟實力，才能壯大國力，捨此而如何合理化？拿出建西藏鐵路的決心和魄力，霧霾污染定能解決！

讀王學忠的詩作，總會讓人的心思不由自主的想到「貪官污吏奸商」，〈麻雀是撐死的〉和〈天天霧霾〉也是，只有這些邪惡魔鬼才會睜眼說瞎話，才會一手遮天，才會破壞自己生長的山河大地。

在我的研究中，曾經提過「開發中」國家或地區，貪官奸商多；而「已開發」國家或地區，貪官奸商少。但台灣是個例外地區，一者台灣因統獨分裂，成為一個「沒有方向、沒有未來」的「政治體」，有權力的人深知此地「非久留之地」，都想撈一票快快遠走他國；再者，不論叫台灣或中華民國都已是「偏安政權」，在中國歷史上這種政權在本質上，已失去「合法性」（Legitimacy）（註三）。是故，台灣雖已是已開發地區，貪官奸商的發生率，按我的觀察，可能不比大陸少。如下列這張剪報，台北關涉包庇倭國的核災生鮮在官商勾結下，全進了台灣人肚子，**〈貪官放水、六噸核蝦毒蟹入台〉**，這還算小案，更大的案每月都有，往往震驚兩岸媒體。

為什麼人世間到處有這些貪官奸商，睜眼說瞎說，只顧私利而一手遮天，毒化自己生長的山河大地，不顧同胞的生命。台灣有句俗話「別人的孩子死不完」！好可怕的心態！縱有十個王學忠寫萬言詩來喚醒，恐怕也喚不醒那死滅的良心，只有交給神去處理；若他不信神，終極就由因果去收拾吧！

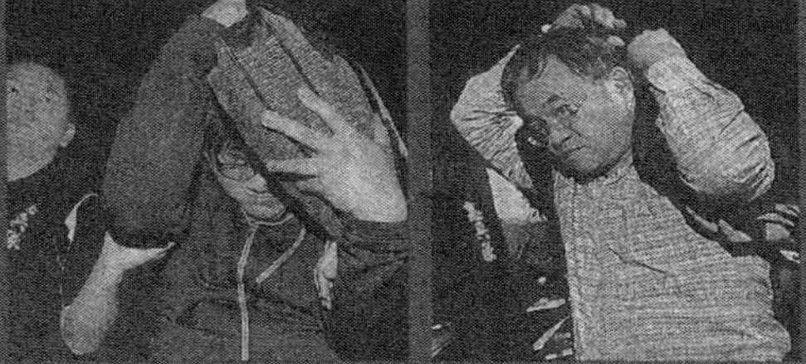

出賣良心

新北地檢署28日指揮廉政署，搜索台北關及3家業者共14處所，將桃園市衛生局管理員張恩碩（左）與關務署台北關關員楊俊源（右）等人移送複訊。（張鎧乙攝）

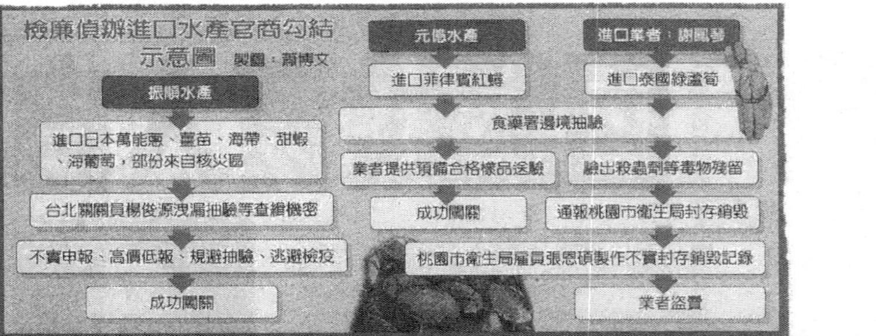

台北關涉包庇 日核災區生鮮全下肚

貪官放水 6噸核蝦毒蟹入台

2015.4.29. 中國時報

蕭博文、葉德正、蔡依珍、林宜慧／綜合報導

國境失守，6公噸毒生鮮全下肚！財政部關務署台北關關員楊俊源涉嫌接受水產業者賄賂數十萬元，洩漏查驗機密，協助業者進口日本核災區甜蝦、海帶等生鮮；另桃園市衛生局雇員張恩碩明知進口菲律賓紅蟳、泰國綠蘆筍含殺蟲劑等毒物應銷毀，卻護航業者盜賣，業者不法獲利超過1000萬元。

含殺蟲劑 護航盜賣

檢廉昨搜索台北關等14處，約談楊俊源、張恩碩及進口業者汪偉裕、謝鳳琴、李志陽、報關行業者廖恩葳、黃姓員工共7嫌到案，分依洩密、偽造文書、詐欺及貪汙、圖利等罪移送新北地檢署複訊。據了解，楊俊源坦承洩密但否認收賄，強調他拿的生鮮產品不是貪汙對價；張恩碩坦承圖利、否認收賄。檢諭令業者李志陽10萬元交保。

廉政署指出，本案是食安風暴以來，首度查辦官商勾結不法，不排除有其他公務員涉案。

檢廉查出，報關業者廖恩葳過去從事水產進口，深知門路，他利用人頭開設3間公司，多次進口可通過檢驗的產品，待信用「洗」乾淨後，再藉機夾藏問題產品，在業者小有名氣。

址設高雄市的元億水產專門進口高價生鮮，負責人汪偉裕涉嫌透過報關行業者廖恩葳行賄台北關竹圍分關關員楊俊源，取得關務署抽驗資訊，及時抽換報關資料或進口物品躲避查緝。

元億水產去年10月經桃園機場自由貿易港區空運日本萬能蔥、薑苗、海帶、甜蝦、海葡萄等生鮮，其中部分產品來自日本核災區千葉縣，但在楊俊源護航下閃過邊境查驗檢疫、輻射檢查，賣到高級日本料理店牟利。

洩密圖利 躲過檢疫

另北市振順水產老闆李志陽、業者謝鳳琴分自菲律賓與泰國進口紅蟳、綠蘆筍，為求通過食藥署邊境例行抽驗，也透過廖恩葳提供預備的合格樣品，但今年初因抽換檢體不及，泰國綠蘆筍被驗出殘留殺蟲劑等藥物，菲律賓紅蟳也被驗出藥物殘留，食藥署通報桃市衛生局封存銷毀。

2人不甘貨品遭扣，也透過廖打點桃園衛生局食品藥物管理科進口食品專案管理員張恩碩；張先是藉故延後封存，讓謝收購低價劣質蘆筍抽換進口竹筍盜賣，另讓李直接從報關行倉儲運走紅蟳盜賣一空。

張明知綠蘆筍已被抽換，紅蟳更剩空箱充數，卻還製作不實封存及銷毀工作記錄護航，廉政署統計，在2員護航下，已有6434公斤的核災區的生鮮、毒綠蘆筍與紅蟳流入市面。

檢廉也查出，孫姓水產養殖業者與廖恩葳進口未經檢疫、大陸瀕臨絕種的史氏鱘卵，流入國內各大養殖魚場，待成魚後再賣到餐廳供民眾食用。孫人在國外未到案。

桃市衛生局表示，張恩碩是1年1聘專案管理員，昨已停止工作並調整業務。食藥署長姜郁美也表示，這是特殊個案，現有的邊境檢驗標準作業程序並無問題，該署將加強人員訓練及稽查倫理。她指出，2012至2014年間，共有3萬4459批先放行的產品，其中72家次被查獲違規，違規項目包括沒得到輸入許可之前就異動產品、數量不實。

註釋：

註一：王學忠，《我知道風兒朝哪個方向吹》（詩歌卷）（北京：線裝書局，二〇一四年五月），頁四五－四七。

註二：同註一，頁一二二－一二三。

註三：「合法性」（Legitimacy）是政治上有效統治的必要基礎。這是治者與被治者間一種共認的理則或信念。統治之實，難免涉及權力，但統治不能純靠權力，否則不但少功，且難服眾。權力必須經由合法之過程，始能成為權威（authority），權威之治，力少而效宏，方是統治之正途。合法性不即是法律性（legality）。合法性可以基於一種宗教之信仰系統（如歐洲中古之君權神授說、中國之承命於天說）；可以基於一種傳統之習俗（如父歿子繼、兄終弟及）；可以基於某種政治之原理（如美國四年一度之大選）。一言之，合法性是一種存在於社群中有意識的與無意識之默認信守之「天經地義」。合法性之對則為僭奪，為政變，為赤裸之權力行為。凡不具有合法之統治，必難取得被治者普遍之同意與信託，而難長久。故非依合法性原則潛居統治之地位者，為求其統治之安穩與有效，常需披戴合法性之外衣，如古之權奸挾天子以令諸侯，今之極權政府偽行選舉以符民主是。合法性有其時空性，非放之四海而皆準，亦非千古不易。就空間性言，某一政府可以為甲國認為合法，亦可以為乙國認為不合法。就時間性言，某一政府，可以在甲時代被認為合法，亦可以在乙時代被認為不合法。合法性之改變表現之於革命最為顯著。革命不同於篡弒或政變等，它是一種從基本上推翻既存之舊的合法性原則，而另建新的合法性原則之一種運動。如孫中山先生之推翻滿清帝國，肇建民主共和是。

統治者之合法性之取得主要固依賴內部被治者之同意；有時也需靠外部社群之認可，如其他國家之外交承認，超國家組織之合法承認（如聯合國之給予會員身份）。合法性之觀念，自古有之，亦為歷代思想家屬筆運思之焦點。唯現代政治分析之重合法性觀念，則源於德國社會學家 **Max Weber** 之闡釋張揚。**Weber** 之重合法性之多元性，並分合法性為三理型：即 **traditional legitimacy**，**rational legitimacy**，**charismatic legitimacy**，被公認為對社會科學之重大貢獻。唯合法性一觀念，涉及社群行為之全體，此一觀念之普遍性之邏輯問題，以及其在理論與實際中所發生衝突之倫理問題，皆有待進一步之研究。（王雲五總編，《雲五社會科學大辭典》，第三冊，《政治學》（台北：臺灣商務印書館，民國七十八年元月第八版），頁一〇七，金耀基。）

第四章 公職富人的錢權威勢與窮困小民的貧富對比

經由王學忠的幾首詩，我深入思索，廣泛理解，本文大約探討三個子題。一者中國人現在是不是「非常有錢」？大陸為什麼這麼多人想吃公家飯？三者貧富差距的強烈對比問題。

台灣在蔣經國時代，因改革開放，經濟環境大好，曾有「台灣錢淹腳目」之說，洋人諷台灣人「把XO當汽水喝」（指台灣人錢太多了），當時聽說任何鄉巴佬閉眼睛買股票也發財，各行各業賺錢賺到數不清。當是時，唯一不賺錢的行業，是那些領固定薪水、吃公家飯的公職人員，因為薪水不高，又永無發財機會（除非貪污）。此期間，社會上根本大家都不想考公職，現職的公務人員甚至很多提早退休，下去找發財的機會。

李登輝上台開始他的「黑金政治」，十多年就搞垮了國民黨五十年的經濟基礎，到陳水扁的八年大崩壞，馬英九上台時台灣已「病入膏肓」，如同一個癌末病人，請觀世音菩薩當院長，佛陀當總統，玉皇大帝等眾神當部長也是無救。因為這是因果，佛菩薩也不能違反因果。此期間，從李登輝末期開始，台灣經濟日趨衰落到崩壞，考公職成為大熱門，年年各項公職考試都擠破頭，數百人搶一個位子；而社會上薪水低、機會少，失業率高，民怨亦高。

以上現象其實印證一個社會發展理論。按社會學家論述，在先進且民主開放的社會，人民當公務員的意願較低，因為公職一般薪資固定，又因民主意識高漲，公務員很不好混，地位不高，所以當公職意願低。反之，在社會上很自由，自主空間大，開放社會價值分歧，人可以追求各種合乎自己興趣的人生目標，就是不當公務員，不吃公家飯，成天被人呼來喚去，看上司臉色。這種情況的另一面，是開發中或低度開發社會，資源大多握在政府，人民想當公務員的意願較高。有機會當公職也表示可以握到一點權力，因制度尚不健全，導至人心只想到「權力和財富的關係」，而不是「權力和責任的關係」，搞錢機會多也有吸引人。

還有一種讓人想當公務員的社會環境，是經濟不景氣，不論那一種國家或社會，只要長期經濟條件不好，民間生活持續苦悶，必導至「痛苦指數」（失業率加通貨膨脹率）增加。此種情況，各項公職考試必搶破頭，大家搶當公務員，往往數百人爭一個職位（如李扁後的台灣），因為民間社會不好混。等到未來有一天，經濟又發達了，大家又不想當公務員。

大陸的情況和前述社會發展理論也有關，只是再加一黨執政，權力集中，黨國體制，沒有制衡機制。因此，每一個公務員都是一人（頂頭上司）在上，萬人（人民）在下，任何芝麻綠豆的官都可以是「九五之尊」，因為權力通向財富，導至大家都想當公職，現在是「29個養一個」。是這樣嗎？希望這是「詩語言」，賞讀學忠這首〈29個養一個〉。（註一）

誰看了不著急
29個養一個
實乃古今中外奇跡
真擔心
哪個年景不好
養不起
起載的船舶傾斜了
翻入江底
亡羊補牢已晚矣

父親說

從前貴州有個縣衙12人
兩個警察
一個伙夫兼掃地
那時民多官少
民幹民的活兒
官做官的事
沒有城管打死瓜農
沒有餓漢公交車上縱火自斃

如今29個養一個
民心全被官擄去
國稅、地稅
名目繁多百怪千奇
公務員大樓星羅棋布
超英趕美
盡顯天時地利
遇到百性來辦事

踢來踢去

父親說
過去家裡蓋房子
找居委會報個喜
（業餘沒工資）
回去即可動工
搬磚和泥抬大梁
用不了三天
小房子蓋得漂漂亮亮
結結實實

如今建房是天大的事
5證18章
外加七天公示期
讓你聽了害怕
想起心悸

當你等了一年零三月
辦齊了手續
一鍬土未挖
櫃子裡的積蓄
已花掉三分之一

父親說
雞子多了不下蛋
和尚多了沒水吃
盡管是俚語
卻是老人言
道理令人深思
「精兵簡政」
把多餘的贅肉割下來
瘦身健體

29個養一個

讓我想起一段歷史
十三陵水庫工地
領袖與民眾
黑壓壓一片
皆揮汗如雨
還有孔繁深、焦裕祿、王進喜
官民一體不分離

29個養一個
的確是個奇跡
讓人著急、生氣
可申報世界吉尼斯
也是
響在神州上空的
警笛……

八段七十行白話詩，29個養一個，當成詩語言可以，實際則須另行查證（非本文問題）。按詩〈題記〉，請康熙時五千個養一個吃財政的，民國四千個養一個，現在是29個養一個。這首詩也道出許多問題，相信讀者可以領會許多言外之意。但我對「29個養一個」的真相感到十分有趣，假設為是，以現在大陸人口若以十三億六千萬計，就得出四千六百萬公務人員總數。可怕的數字，希望這確實只是「詩語言」。

雖然我相信是詩語言，我卻也相信詩人寫出了「嚴重的問題」。因為大陸的公務人員密度太高，據我多次到大陸參訪，一般小老百姓對公職人員印象不佳，但大家都搶著要幹公務員，相當程度上公職代表「權、錢」，只要謀得一官半職，眼睛的位置就快速向上移動。組詩〈如今都在演戲〉之一〈有一把椅子〉，解開為什麼29個養一個的密碼。（註二）

坐上去
便有人下跪
胸脯可以挺得很高
是與非
自個打叉划對
說是乃是

言非即非
順昌逆亡
榮華富貴
離開了
回望是一灘灘血淚

這詩即刻骨又傳奇，也很警惕、啟示作用。只是我對大陸所謂「公職」，並沒有深入研究理解，例如（據聞）大陸的作家、詩人，屬於「公務人員」，領政府的薪水，這些都是止於「耳聞」，確實定義如何？範圍如何？國家↓省級↓縣市以下，如何定義作家詩人？薪水怎樣算？我全都不知道。假如「公職」範圍訂得極寬廣，29個養一個或許有些真實性！

學忠另一詩〈那天，我品賞了一部分人的富裕〉，也有多層次意涵，言外突顯出重大問題，包涵幹公職的好處，中國人現在真的有錢了（？）以及改革開放的代價等。中國人有錢了，從中國人花得起大錢的事實，似乎是真的。曾有報紙報導，單單幾天假日，中國大媽到香港旅遊，就買走幾頓黃金，我忘了留下剪報。

後面幾則剪報，似乎顯示中國經濟多麼繁榮！中國人現在大大的有錢了！中國現在到處是「富豪」。大連萬達集團在紐約蘇富比「印象派現代藝術」夜拍，以二千零四十一萬美元（約台幣六億三千萬）成交價、競標得印象派大師莫內傑作《睡蓮池與玫瑰》；同一場夜拍，中國傳媒大亨王中軍也以二千九百九十三萬美元（約台幣九億二千五百多萬），標得原由好萊塢傳奇影業大亨山姆高文家族珍藏的畢卡索油畫《盤髮髻女子坐像》。

天津直銷業天獅集團慶祝創辦二十周年，大手筆招待六千四百名員工到法國旅遊，不僅包下羅浮宮，更包下一百四十間旅館。大陸的大企業旅遊團近來在南韓、泰國也有更大規模活動，世界各媒體爭相報導，讓人覺得中國人真的有錢。但我知道中國還有很多窮人，那兩幅畫值十六億台幣，如果不買，十六億可以給幾億窮人家好好吃幾頓飯，或百萬以上窮困孩子的教育費用。

陸人均可支配收入 上海逾7萬居冠

中國大陸各省區今年第一季城鎮居民人均可支配收入數字陸續出爐，在已公布的二十五個省區中，上海以每月人民幣一萬四千一百五十三元（約新台幣七萬零五十七元）居首，而甘肅增幅全國最高。

國家統計局資料顯示，第一季全國城鎮居民人均可支配收入人民幣八千五百七十二元，較去年同期成長百分之八點三，扣除價格因素實際增長百分之七。2015.4.29.人間福報

根據目前公布資料，上海、北京、江蘇、福建、廣東、天津、山東這七個地區的城鎮居民人均可支配收入超過全國平均水準。

印象派不算貴 陸收藏家新寵

一九九○年代日本經濟一飛沖天，許多印象派大師傑作紛紛落入日本藏家囊中。最近，大陸藏家陸續在國際拍場競標獲西洋藝術大師作品，情況似曾相識。但專家說，兩者成因截然不同。

寒舍董事長王定乾觀察，印象派與日本浮世繪有極深淵源，在日本經濟狂飆時期，不時傳出日本企業收購印象派大師畫作的消息。大陸這一波熱衷西洋藝術大師的收藏風潮，則帶有反向思考成分。

近十多年來大陸當代藝術狂漲了二、三十倍，直逼西方藝術大師行情。但市場價值與學術價值「脫勾」，經常由少數人操縱行情起伏。相較之下，西洋大師的畫作「不算貴」，也更國際化及具有學術價值，因而吸引大陸藏家轉向。

如大連萬達集團五月初在紐約蘇富比「印象派及現代藝術」夜拍，以二千零四十一萬美元（約新台幣六億三千萬元）成交價、競標得印象派大師莫內傑作《睡蓮池與玫瑰》。

無獨有偶，中國傳媒大亨王中軍也在同一場夜拍以二千九百九十三萬美元（約新台幣九億二千五百多萬元）標得原由好萊塢傳奇影業大亨山姆．高文家族珍藏的畢卡索油畫《盤髮髻女子坐像》。中、美兩國影業巨擘以畫結緣傳為佳話。

二〇一五、五、十三、人間福報

6500陸客 包下羅浮宮

天獅集團招待員工遊法 創歐洲單團最多人數 共訂140旅館 法外長接見

2015.5.11. 人间福报.

【本報綜合報導】中國天津直銷業者天獅集團大手筆招待六千四百名員工到法國旅遊，不但創下歐洲史上單團最多人紀錄，還在法國創下多項紀錄，包括共訂下一百四十間旅館、火車加開班次接待，還在巴黎享受特殊禮遇，連羅浮宮（Louvre）都封館專心接待這群陸客。法媒報導，法國因此賺進新台幣約四點五億元。

天獅集團創辦人、中國大陸富豪榜排名第二十四的李金元，還在法國南部大城尼斯慶祝集團創辦二十周年，途經巴黎，參與人數包括五千四百名陸籍員工和一千名其他國籍員工，約是集團總員工數的一半。

其中的五千四百人，五日由大陸分別搭乘八十四架班機飛抵法國。法國媒體報導表示，巴黎隨處可見中國大陸觀光客，但一次來一整批五千四百人，還是前所未見。

不包括購物 花費5.4億元

他們前兩天先遊歷巴黎，包下老佛爺百貨（Galeries Lafayette）和羅浮宮，在裡面盡情地購物和參觀。老佛爺百貨並為這批遊客專門開闢一層樓處理退稅。

這個超大型旅行團在巴黎停留四十八小時後，搭乘高速火車前往法國南部知名渡假勝地尼斯，總共在巴黎和尼斯訂下一百四十間旅館的房間、購買七千六百張火車票，法國國家鐵路公司還特地加開兩班火車，並派一組十二人的團隊到車站協助。

八日下午，尼斯蔚藍海岸被天獅員工擠滿，還用人體隊形排出「天獅的夢想是尼斯蔚藍海岸」，從空中俯瞰清晰可見，創下最大規模人體主題創意組字的金氏世界紀錄。有網友表示，當時天獅員工光是喊口號就喊了兩個小時，還有警察維持秩序。

法國旅遊發展署署長曼特爾表示，法國政府動用一切資源，盡力滿足天獅集團的需求。天獅集團這趟九天總共砸下一千三百萬歐元（約折合台幣四億五千二百四十萬元），曼特爾說：「這還不包括購物的部分。」

法政府爭取 助復甦經濟

連外交部長法畢斯都不忘在六日接見李金元，感謝他選擇到法國辦員工旅遊，有助於低迷的法國經濟復甦。

大陸遊客海外購物平均花一千五百歐元，排名全球數一數二。天獅集團主管住的是最頂級飯店，一般員工則入住三星或四星旅館。

這趟創紀錄之旅能成行要回溯到去年十二月，當時法國旅遊發展署聽說李金元希望大手筆慶祝集團二十周年，經法國政府極力爭取之後，說服李金元縮小旅遊目的地的考慮範圍，原本的地點還包括倫敦與羅馬。

據聯合國資料，法國是全球觀光客最多的國家。法國官方統計，每年約有八千五百萬外國人前往旅遊，貢獻一千五百億歐元的經濟效益，相當於法國GDP的百分之七；其中一百七十萬人來自中國大陸。法國政府近年來努力爭取更多中國遊客。

中國現在是不是到處「大腕」？正好我看到大陸「國家統計局」資料，各省區今年（2015）第一季城鎮居民，「人均可支配收入」數字，二十五個省區已公布，上海以每月人民幣一萬四千一百五十三元（台幣七萬零五十七元）居首。而以全國平均算，每月人均可支配收入是人民幣八千五百七十二元。根據資料，有七個省區超過全國平均水準，上海、北京、江蘇、福建、廣東、天津、山東。

在解讀〈那天，我品賞了一部分人的富裕〉一詩前，我特地先看一些正式資料，理解大陸目前的經濟水平（人均可支配收入）。這詩講些什麼？（註三）

朋友是個收稅的小吏
喜古玩、好周易
性格如門前的毛竹筆直
從不過問政治
說那玩意像條美女蛇
一旦被咬傷
終生難治愈
活在沒有政治的社會真愜意

茶品數盞
瞅著錚亮錚亮的紅木案几
案几上青銅時代的鼎、爵、鬲
開始了說天道地
朋友說鼎是祭祀的
鬲是煮粥的
我說爵裡的美酒用來慶賀勝利
歡娛的歌宴上
一曲又一曲
唱的皆是血光與淚影的歷史

青銅文化是小城輝煌的過去
如今的書法熱蓬勃興起
魏晉雄健瀟灑
明清酣暢淋漓
公務員隊伍臥虎藏龍
折冠摘金

有財政局長
宣傳部長、主管計生的工會主席
國際「和諧杯」草書大賽
市委書記拔頭籌
生動的線條
一瀉千里
像奔騰的小溪接通遠古的氣息

聊古玩各抒己見
品藝術求同存異
唯有反腐心相通、話投機
朋友說懲貪官、治污吏
是當務之急順應民意
我說兩極分化
是一個國家長治久安之大忌
拯救一個病入膏肓的人
是必須

即使砸腦殼也莫遲疑

萬家燈火爛漫時
我起身告辭
跨上自行車
一路涼風習習
掠過臉頰、髮絲
市府大廈富麗堂皇
赤橙黃綠
一座座體現盛世水準的別墅
群星伴月
若老佛爺脖頸上的佛珠
又像一群忠實的大臣
在行跪拜禮
「桂園」、「景林」、「富人居」
工商、稅務
公、檢、法、司

精英的豪邸最顯特色
不黑不白、不紅不紫
掩映在湖波裡

幽徑、石橋
流水淙淙，彎彎曲曲
清明上河圖的繁華
克隆在大道兩側
音樂噴泉噴出的「好日子」
與夜巴黎靡靡之音
一起燈紅酒綠
一輛輛奔馳、寶馬
靜候在停車場
似東西方男女交合後
生下的奴婢

路越走越窄

車越蹬越急
前方，自家的茅舍
在股股熱浪中喘息
磚頭、果皮、塑料袋
陰溝裡的污穢撲鼻
突然一只蝙蝠飛過
飛得很急很低
引領我和我的自行車
箭一般鑽入夜色裡……

詩有七段八十行，多重意義與明暗影射的好詩，有很寬廣的解讀和想像空間。首先是學忠詩作一貫的風格，每段都有一些押韻，讓讀音更順口。如第一段的吏、易、愈、意；第二段的几、地、的、利、曲，以下各段韻都以口語自然呈現。

詩意解讀上，第一段第一句**「朋友是個收稅的小吏」**是整首詩靈魂，若無此句，全詩不知所以。這句也是很重要的影射，或在暗示某種案件的發生，尤以「**小吏**」二字是關鍵詞，小吏是最基層的小收稅員，薪資應該「溫飽」可以，「富裕」不可能；但這小吏不僅能夠富裕，且住得起別墅豪宅，用得起高品質家俱，玩得起高價位古玩。從後面各段的暗示，都在說明小吏的財產「有問題」，小吏性格筆直，形容政治是「美女蛇」很貼切。在這世界上，能無中生有，能白變黑，說黑成白，能隔空殺人，能使忠良繫獄，也只有「政治」這條蛇美人。所以，小吏遠離政治，這是很聰明的人。可是偏偏，人類歷史發展至今已完全「政治化」，包含流浪狗該不該捕或安樂死？植物人該不該死？葬禮能不能寫輓聯？……（台北市柯P已規定不准寫紙本輓聯）凡此等等，都要經政治管道，依相關國際和國內法辦理，不是個人要怎樣便可怎樣的！

第二段品茶數盅，詩人**「瞅著錚亮錚亮的紅木案几」**，聊到案几上的鼎、爵、鬲等古物，這些小吏的收藏品，漸漸顯露小吏的財力和品味，但詩人看到不是這些，而是這些東西當年背後的真相，**「唱的皆是血光與淚影的歷史」**。古代（我國夏商周以前）國家唯「祭與戎」，各種酒器食器都和戰爭有關，都是人民的血淚史。

第三段公務員有各種藝文比賽是正常的，我以前也常參加，拿過不少獎。把書法線條形容成**「一瀉千里／像奔騰的小溪接通遠古的氣息」**，頗有創意和氣魄。

第四段開始碰觸到學忠和我經常關心的議題，反貪反腐，懲治貪官污吏是大家有的共識。學忠更深入到貧富差距的問題，認為中國目前已是貧富二極化了，是很危險的，學忠以**「拯救一個病入膏肓的人」**形容。但我認識，病入膏肓的人根本是沒救的，何必白做工！

按我的知識基礎，三民主義和共產主義都為解決貧富懸殊而誕生，但最後二者都因

「執行困難」而放棄理想，走向資本主義路線，現在兩岸的貧富二極化同樣嚴重，不僅如此，全球所有國家都在為貧富懸殊大頭痛，倭國社會學家大前研一認為廿一世紀，全球形成「M型社會」（即二極分化）是大趨勢。（註四）說來很諷刺，全球可以根本解決貧富懸殊，或許只有「北韓體制」，越南和古巴若走向民主開放，同樣也會走上貧富二極化。比爾蓋資說過一句名言：「把現有地球上的財富均分配所有人，二十年後，富豪還是富豪，窮光蛋依然是窮光蛋。」是如此，豈不很悲哀乎！話雖如此，還是希望吾國貧富不要太嚴重，我們是有五千年文化之「禮義之邦」，不同於沒有文化，而文明基因先天不良的美國。

第五段回程路上看到一座座金碧輝煌的大別墅群，住的都是公務員和各種大腕，工商、稅務、公、檢、法、司，這裡又是一個影射，幹公務員才會有大錢。詩人以所見證明「權力通向財富」，幾乎是一條「準真理」。**「精英的豪邸最顯特色／不黑不白、不紅不紫／掩映在湖波裡」**，地位愈高（精英）愈能弄到更大的財富，不黑不白所指為何？或許說那些住在豪宅裡的人的特色，什麼都不是，光會搞錢吧！

第六段若上綱到最高處，可視為詩人對國家改革開放政策的批判，表面看似繁華富貴，真相則是一個墮落的社會。**「與夜巴黎靡靡之音／一起燈紅酒綠／一輛輛奔馳、寶馬／靜候在停車場／似東西方男女交合後／生下的奴婢」**，這是詩人最嚴厲的指控，所謂「中國式社會主義」已經走樣，走成東不東西不西，變成東西方男女交合後生下的奴婢，詩人是在向天呼籲！

似東西方男女交合後生下的奴婢，再上綱，也可以指稱中國自滿清末葉衰敗，經百餘年來，民族自信心尚未恢復，當年淪為洋奴的情境，如今仍是。若從現狀考察，現在許多中國人仍在崇洋媚外，哈日、哈韓、哈美、哈加拿大……就是不哈中華民族，所以中國人都要深刻自我反省，你到底來自那裡？

第七段詩人聊完騎車要回家，**「路越走越窄／車越蹬越急／前方，自家的茅舍／在股股熱浪中喘息／磚頭、果皮、塑料袋／陰溝裡的污穢撲鼻」**，從豪宅突然回到貧民區的景像，再一次突顯大陸貧富兩極化的嚴重性。整首詩最後四句，更以鮮明意象彰示從繁華到荒涼的氣氛，**「突然一只蝙蝠飛過／飛得很急很低／引領我和我的自行車／箭一般鑽入夜色裡……」**蝙蝠都在很荒涼的野外才有，那裡也是詩人住的地方。

學忠詩作經常突顯官員高居富貴，小民低下貧困；高官富豪有權有勢，底層弱者一無所有，此種兩極分化，學忠〈陰間與陽界〉詩可以當成總結。這形容真的刻骨銘心，賞讀其詩。（註五）

陰間地獄十八層
陽界人分幾等
肥瘦雄雌不重要

官民是分水嶺

官靠權勢生存
大筆一揮便生財生福
其樂融融
民憑力氣活命
累死累活忍辱負重
方可苟且偷生

官是公務員的別名
鄉縣市省直到京城
吃的是財政
花的是財正

納稅人是老百姓
男工女工皆雇工
當牛做馬

從天不亮幹到黑咕隆咚
地獄受罪時間有長短
罪刑分輕重
陽界百姓過日子
最怕物價漲官吏橫
整日憂心忡忡……

難怪世上這麼多人要當官！埋頭苦幹、十年寒窗、勤走後門、千方百計……就為了要當官，要謀一官半職。當小官不滿足，組長、科長、局長、部長，要一直爬上去，愈高愈有成就感，我想這是人性人心皆如此，古今中外的常情常理，吾國老祖先說了「學而優則仕」。問題出在程度過於偏激，一味的求官搞錢，甚至無法無天，貪污乃至出賣國家民族和人民利益，這種罪大惡極之徒應早早判死下十八層地獄，再移送至無間地獄，使其求出無期。

〈陰間與陽界〉一說所述，並非「學而優則仕」的正常官場，而是一個扭曲變形的官場現形詩記。在一個進步有文化文明的社會，官是人民的「公僕」，為人民服務而存在，靠人民支持供養而生存，不是**「靠權勢生存／大筆一揮便生財生福」**。這首詩的言外之意，是在告訴大家，中國的貧富差距已經很嚴重，官員在上榮華富貴，作威作福；小民在下如牛馬，水深火熱，這是國家的重大危機，誰能救民於倒懸？

確實，中國幾千年來的改朝換代，皆因執政的政權貪污腐化，導至貧富兩極化，窮人起來造反革命。吾人若能仔細回顧吾國漢末、唐末、宋末、元末、明末、清末，各朝代之末葉，當知貪污腐敗足以失去政權。國共在一九四九年前的鬥爭中，共產黨始終把國民黨宣傳成「貪污腐敗」形像，謊言說三回亦成真，國民黨終於丟了江山；現在台灣的統獨鬥爭，民進黨學習共產黨的鬥爭技倆，也鬥垮國民黨。是故，在台灣會常聽到一句話，「民進黨是小規模的共產黨，共產黨是大規模的民進黨。」聰明的讀者，你以為然否？

無論任何人、任何政權！貼上「貪污腐化」的必死標章，就一定完蛋，因為貪污腐化就已失去執政的合法性（**Legitimacy**）。（註六）個人、政權、政黨，乃至各種人民團體，都受到這個合法性制約。

貪污腐化和貧富懸殊有「結構性」的關係，通常明顯者（公然行之）如開發中地區（國家）、改革過程中、權力集中、偏安政權等，貪污腐化和貧富懸殊有複雜的因果關係。若惡化下去，必然導至政權危機，改朝換代。

在先進的歐美英等資本主義社會，貪污腐化財由政客和資本家「合法」行之，故看似合法，不易被發現。但也因此導至社會貧富懸殊，製造政治和經濟危機。

大陸目前在習主席領導下，正積極「打貪打腐」，縮小貧富差距，建立公務員新形像，或許困難重重。若習主席能讀到王學忠的幾首詩，一首也好，相信他可以增強信心，在制度的建立過程中，多為底層弱勢族群設想，則吾國吾族吾民甚幸！

註釋：

註一：王學忠，《我知道風兒朝哪個方向吹》（詩歌卷）（北京：線裝書局，二〇一四年五月），頁一四一—一七。

註二：同註一，頁一四四。

註三：同註一，頁六一—一〇。

註四：大前研一，《M型社會》，趣者可自行到各地書店購買，或圖書館找，應不難獲得。

註五：同註一，頁一二七—一二八。

註六：見前章註三。

註七：補註：我一直想弄清楚大陸到底有多少公務員？以及大陸一般國民平均所得多少？始終找不到正確資料，當本文寫完才發現這張剪報（如次）。大陸「人社部」官員表示，大陸公務員總數近四千萬，二〇一五年元月公布公務員調薪方案，最高級別正國級官員基本工資（職務工資加級別工資），從七千零二十元增至一萬一千三百八十五元，漲百分之六十二。

最低級別辦事員基本工資由六百三十元增至一千三百二十元，漲幅百分一百一十。

四千萬公務員中，鄉鎮有近八百萬。相信這是全球最大的公務員體系。

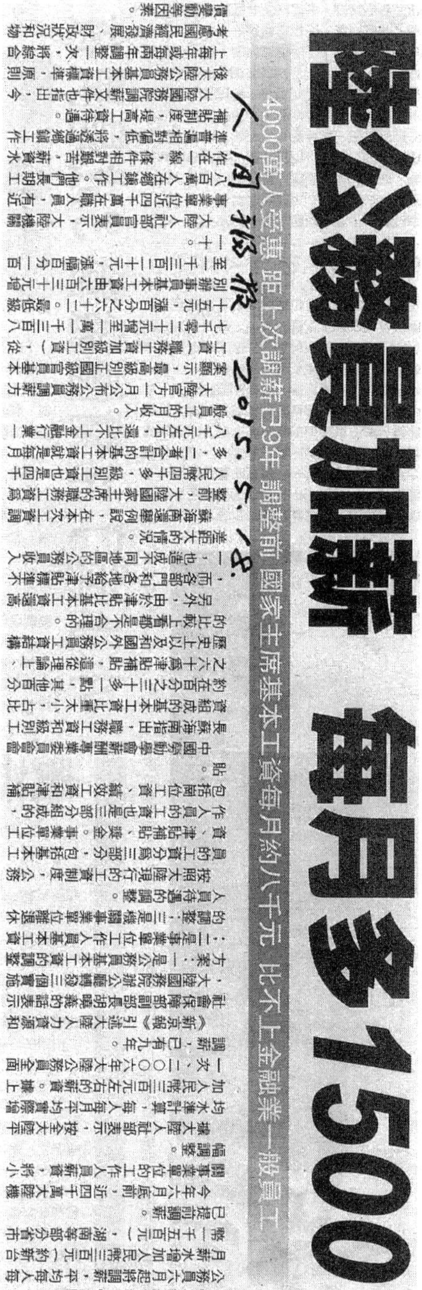

陸公務員加薪 每月多1500

4000萬人受惠 距上次調薪已9年 調整前 國家主席基本工資每月約八千元 比不上金融業一般員工

人間福報 2015.5.18.

【本報綜合報導】大陸近四千萬公務員六月起將調薪，平均每人每月薪水增加人民幣三百元（約新台幣一千五百元），湖南等部分省市已提前調薪。

今年六月底前，近四千萬大陸機關事業單位的工作人員薪資，將小幅調整。

據大陸人社部表示，按全大陸平均水準計算，每人每月平均實際增加人民幣三百元左右的薪資。據上一次、二〇〇六年大陸公務員全面調薪，已有九年。

《新京報》引述大陸人力資源和社會保障部副部長胡曉義的話表示，大陸國務院辦公廳轉發三個實施方案：一是公務員基本工資的調整；二是事業單位工作人員基本工資的調整；三是機關事業單位離退休人員待遇的調整。

按照大陸現行的工資制度，公務員的工資分為三部分，包括基本工資、津貼補貼、獎金。事業單位工作人員的工資也是三部分組成的，包括崗位工資、績效工資和津貼補貼。

中國勞動學會薪酬專業委員會會長蘇海南指出，職務工資和級別工資組成的基本工資比重太小，占比約在百分之三十多一點，其他百分之六十為津貼補貼，這從理論上、歷史上以及和國外公務員工資結構的比較上看都是不合理的。

另外，由於津貼比基本工資還高，而各部門和各地給予津貼標準不一，也造成不同地區的公務員收入差距大的情況。

蘇海南還舉例說，在本次工資調整前，大陸國家主席的職務工資為人民幣四千多，級別工資也是四千多，二者合計的基本工資就是每月八千元左右，還比不上金融行業一般員工的月收入。

大陸官方一月公布公務員調薪方案顯示，最高級別正國級官員基本工資（職務工資加級別工資），從七千零二十元增至一萬一千三百八十五元，漲百分之六十二。最低級別辦事員基本工資由六百三十元增至一千三百二十元，漲幅百分一百一十。

大陸人社部官員表示，大陸機關事業單位近四千萬在職人員，有近八百萬人在鄉鎮工作。他們長期工作在一線，條件相對艱苦，薪資水準普遍相對偏低，將透過鄉鎮工作補貼制度，提高工資待遇。

大陸國務院調薪文件也指出，今後大陸公務員基本工資標準，原則上每年或每兩年調整一次，將綜合考慮國民經濟發展、財政狀況和物價變動等因素。

第五章　「維和維穩」和諧政策的反思

雄觀體察地球上所有的國家，每一個掌握實權的執政者，「維和維穩」都是必須要維持的基本政策，統治者的願望就是社會的和平穩定，他才能永遠當家做主，永遠高高在上掌權，就能永遠獲取諸多利益。

惟各國各地區的維和維穩「手段」不同。號稱民主先進的美國，存在著很嚴重的種族歧視問題，經常有大暴動，軍隊鎮壓是最後的維穩手段。例如，數十年前的「洛城大暴動」，派出步兵師鎮壓才平息，今（二〇一五）年四月馬里蘭州的巴爾的摩大暴動，國民兵進駐才平息。每回都因白人警察任意殺害黑人引起，說來黑人在美國也很可憐，解決之道只有全美黑人在南方另建國家，才有可能得到白人的「尊重」（以武力維持的制衡）。

台灣在兩蔣時代的「維和維穩」政策，是「黨禁、報禁、出版品檢查、統一思想武裝、統一國家民族意識教育」，這些在當年都發生很大功能作用，才創造「亞洲四小龍」的經濟奇蹟。當然也有負作用，也付出若干代價，成為在野者（反對黨）攻擊的焦點，這是自然之道，牛頓定律說了，作用力等於反作用力，反之亦然。

沙烏地阿拉伯一度因貧富懸殊而社會動盪，國王乾脆蓋五十萬棟「好宅」，免費送給窮人住，根本解決問題，王室政權得以安穩。反正統治者手段不同，宗旨則一，維和維穩，鞏固政權，保住政權才能保持現有利益，進而發展繁榮，達成國家和人民所要目標。

最不希望維和維穩的，就是推行兩黨制（或多黨制）的民主政治國家之在野黨，通稱「反對黨」。在野黨的最高目標是變成執政黨，若社會始終都「和平穩定」，人民過著不錯的日子，在野黨就會成為「永遠的在野黨」，永無執政的機會。是故，所有的在野黨日夜所思，就是如何製造動亂，搞垮執政黨，如果執政黨永遠不垮，在野黨便永無機會！這是永恆的拉扯，在平衡和失衡中鬥爭，西方民主政治如是設計。

中國大陸的維和維穩政策，比全球任何國家複雜和重要，因為全球第一大人多地廣又正崛起，很多人形容大陸每個人同時跺腳，地球會向東傾斜。大陸為什麼近幾任領導人都必須執行維和維穩政策？尤其胡主席以來，按我了解，不外以下原因。

第一、中國的崛起已是廿一世紀必然的趨勢，中國即將成為領導世界的現代大國，洗涮中國人衰敗兩百年的恥辱。這個目標的達成，只有成功，沒有失敗，因此必須嚴格管控所有變數，任何不利因素，必須在出現之初，就處理、擺平，確保發展進程的順利。

第二、崛起的進程中，有兩個很危險的外在潛伏敵人，美國和日本，明為友邦，實為暗裡提刀經常往我們背後捅刀的貪狼。他們表面上說「一個中國」，實際上每回新疆、

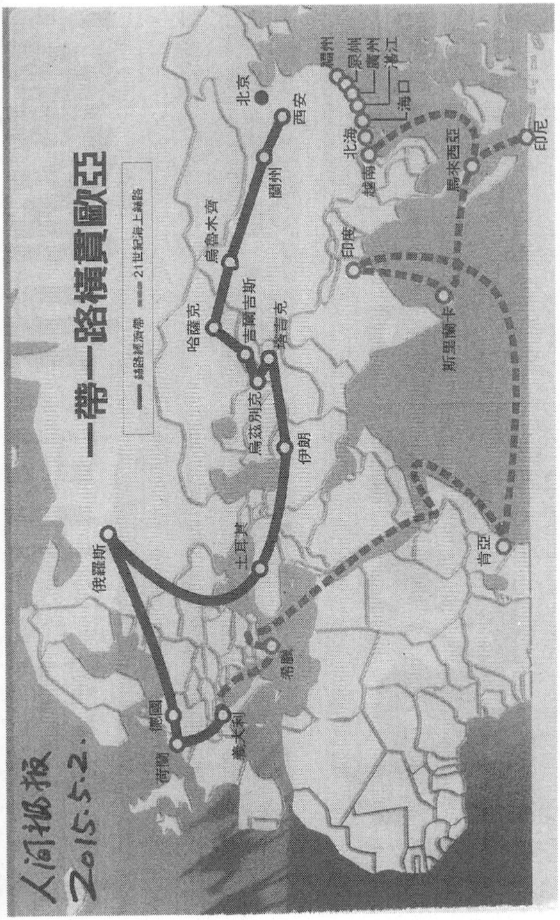
一帶一路橫貫歐亞
絲路經濟帶
21世紀海上絲路
北京
西安
蘭州
烏魯木齊
哈薩克
吉爾吉斯
塔吉克
烏茲別克
伊朗
土耳其
俄羅斯
德國
荷蘭
義大利
希臘
肯亞
斯里蘭卡
印度
馬來西亞
印尼
越南
北海
海口
湛江
廣州
泉州
福州
人间福报
2015.5.2

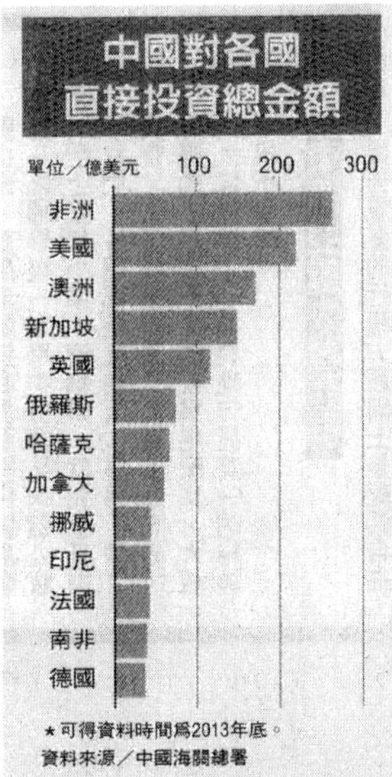
中國對各國
直接投資總金額
單位／億美元
100
200
300
非洲
美國
澳洲
新加坡
英國
俄羅斯
哈薩克
加拿大
挪威
印尼
法國
南非
德國
★可得資料時間爲2013年底。
資料來源／中國海關總署

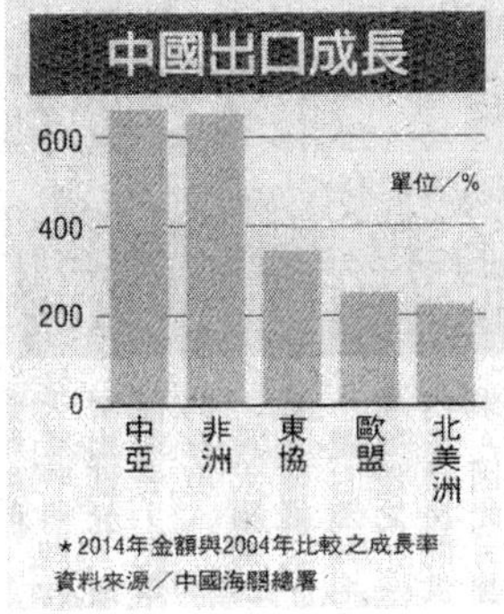
中國出口成長
單位／%
600
400
200
0
中亞
非洲
東協
歐盟
北美洲
★2014年金額與2004年比較之成長率
資料來源／中國海關總署

人间福报 二〇一五．五．二

西藏、香港、台灣發生分裂主義事件，都有他們染指的血印。大陸領導階層必須極小心處理，維持和諧發展，是解決這些問題的重要基礎。

第三、區域安全尚待中國解決。由於數百年來複雜的政治因素，存有許多邊界問題，如中越、中韓、中印、中緬等；也有失地要收回，如釣魚台、琉球；有主權要鞏固，如南海。凡此，經常有爭端要處理，若內部不安，這些「外事」都無力顧及，領土將再被他國鯨吞蠶食，滿清之喪權辱國，來自內部不安和貪腐。荀子說「肉腐蟲生，魚枯生蠹。」蘇軾文：「物必先腐而後蟲生也。」正是。

第四、中國現在持續須要很多「大錢」，是很多兆人民幣的大錢。前述一──三項是大錢，國內很多基礎（高鐵、高速公路、港口、電訊等）建設要大錢，國際人道或政治投資要大錢，最近的「一帶一路」大建設更是大錢（如剪報所示），內部社福教育經費正大大提升，國防軍事更是大錢，沒有大錢玩不起航母群。

以上這些大錢，全靠經濟發展支撐，沒有強大的經濟實力，什麼「中國夢」、國家目標，全是空話、笑話。因此，經濟是目前吾國之「命根子」，這命根子必須在「維和維穩」環境裡，才能長得好、長得壯大有力。

原來「維和維穩」的和諧政策，是中國目前不論國際或國內，處理內何問題的最高指導原則。對外（尤其美日狼子野心），維和固然重要，以武力為後盾敢戰不怕戰也重要，絕不能讓外人騎到國人頭上，絕不可重演滿清那些不平等條約事件。對內，是自己人，乃至是「主人」，公務員只是人民的「公僕」，維和維穩應該要柔軟些，是否「過當」？我並未深入了解，只是從學忠的詩來看。

〈維護「和諧」〉是明顯的反思政策，〈上訪男子被擊斃〉很有批判力。〈民間借貸應休矣〉和〈萬民集體討債〉二詩，讀其情節，當局處理也和「和諧」政策有關，賞讀〈維護「和諧」〉一詩。（註一）

歌星用嗓子唱和諧
舞星用臀兒扭和諧
文人墨客
用筆墨書寫
和諧、和諧
百姓安居樂業

百姓安居樂業
便可實現千秋大業
深奧的道理
其實很簡單

無論做孫子
還是當老爺
皆要像羊羔溫順
不可脾氣暴、性子倔

雪松、龍柏
紅芸、青鐵
金葉女貞、紫葉矮櫻
五顏六色的葉
排著整齊的隊列
熱情、熱烈
像一支威武的儀仗隊
等待檢閱

東風吹，往西倒
北風至，向南斜
不冒尖生事兒

沒有悲哽、怨嗟
步調一致
共「繪」和諧
蝴蝶翩翩飛舞
噴泉配樂

為了「和諧」
與千秋大業
園藝工人手持剪刀
咔嚓、咔嚓
剪剪見血
雪松的血
龍柏的血
金葉女貞的血……
剪掉冒尖的
花壇一派「和諧」

雪松、龍柏
紅芸、青鐵
皆服服帖帖
和煦的風兒拂過
忽而往西倒
忽而向南斜……

偉大的改革者鄧小平同志，一生有三句名言影響很多中國人的思維，乃至制度、政策，分別是「不論白貓黑貓，會捉老鼠就是好貓」、「摸著石頭過河」和「別太早把頭伸出來」。第三句指的正是國際間的「維和維穩」政策，廿一世紀是中國人的世紀，但現有的利益掌握者（如美、日），絕不可能輕易退卻。近幾年來，中國要造航母，要在南海（自家後院）建機場，美國便帶著僕從（菲律賓、日本等）來問罪。凡此，都表示中國現在只要把頭伸出來，人家可能就找機會「砍頭」，不小心就吃了大虧。

何時該把頭伸出來？何時該縮頭？如何把握時機？中國領導人應該很清楚才是，我相信他們的領導智慧，在維護主權和維護和諧間，一定可以找到平衡點。

回到這首詩，就詩論詩，以園藝師修剪新枝，比喻維護團體整齊和諧，全部詩意可謂是維和維穩政策的詩寫版，發揮了創意和諷刺效果。

第一段讓我想起兩蔣時代，國民黨對台灣社會各行各業各階層，仍有很強大的動員力和控制力，一聲令下，整個社會就動員起來。例如上級下令要宣傳「三民主義統一中國」，各媒體報章、軍隊、學校、戲子、舞女等，全都統一行動，針對上級政策展開宣傳。等到解嚴、開放，加上統獨鬥爭泛政治化，台灣社會形同崩解的散沙，成為無政府狀態，處於完全的失控，這是很可怕的。幸好，彈丸之地，危機被天然環境「管控」住，如果十三億人失控崩解，後果不堪設想！

或許大陸領導階層有此顧慮，才會很堅持「維穩」第一。但「台灣經驗」要當成一面鏡，因改革開放下去，控制力必然趨弱，不要失控，不能崩解！中國人守法觀念本來就差，要請習主席從教育上手。

第二段是個反思、反諷，是不是在「和諧」前提下，每個人都要當「順民」？凡事逆來順受，沒有意見，絕對擁護、支持上級的政策？

詩題來自市府門前花壇，園藝師以天然花木修剪出「和諧」大字圖景，工人正在修剪剛長出的新枝。詩人疑問：「怎麼才長出來，便剪掉？」答曰：「剪掉那些冒尖的，是為了維護『和諧』」……如同國際間，冒尖時機不對，「頭」立刻被剪掉。第三段正是修剪後的各類花木，像一支威武的儀仗隊，準備接受檢閱。這也等於影射（反諷），和諧過度了，制壓個人的個性和自由，人人都成了「順民」。

第四段描繪和諧政策的現狀「美景」，不冒尖、不生事，沒有悲傷，步調一致，也是一種反諷。這種最典型的「政治美景」，全球只在北韓看得到。

第五段很鮮明的批判和諧政策，剪剪見血，雪松的血，龍柏的血，暗示人民為這個政策流血，這種犧牲太大。國家執行任何政策，應以人民生命福祉為優先考量，除了戰爭，不應該讓人民流血，乃至丟了小命。

第六段看似歌頌，實亦反諷。整體來看詩人對「維和維穩」政策執行評價，應是負面大於正面的，這當然是站在弱勢族群立場而發言的。

「平民詩人」已是王學忠此生最鮮明的標章，是他的「品牌」，所以他的詩作思想必須是反映中國平民心中所想。至於國際關係和國家整體長遠建設的須要，這些戰略層次的思維，相信一般社會大眾、平民，甚至底層工農族群不會去思索，這些距離他們太遠。話雖如此，即是國家重大政策，人民有權力（利）、有責任，也有義務知道，這就靠各級公務員向人民說明、宣傳和溝通。

如果基層人民對國家重大政策完全不了解，政客就利用來曲解謀利，搞不法勾當，人民利益被損害而不自知，吃虧的仍是人民。這幾年馬英九的政策大多「良法美意」，但被政客曲解，人民不自知，也沒有智慧判斷，結果小馬簡直啥也不能做，他可算是中國歷史上最清廉的領導人，但政治是可怕的，陳水扁貪污案現在法院已「不起訴」，清廉的馬英九可能要法辦。（如剪報）問題出在，民間百姓對小馬的重大政策完全曲解了，獨派抹黑雖是原因之一，統派，尤其國民黨應負最大責任，終於導至國民黨在二〇一四的大潰敗。小小彈丸台灣，無論多麼亂，都只在中國版圖一個小點的小小動亂，中國大陸可以亂嗎？

「維和維穩」政策仍是中國目前重大政策，必須讓各行各業各階層的人民都知道大意，知道各項執行規定，使政客和有心人沒有曲解機會，讓人民知道自己的權利義務，很有利於政策能夠完善執行。

北市廉政會大巨蛋調查報告出爐後建議
涉及圖利 移送馬英九
2015. 5. 9.
人间福報
⬅馬英九。圖／黃威彬
➡柯文哲。圖／林伯東

從〈上訪男子被擊斃〉一詩看，公安明顯曲解和諧政策之宗旨，執行方法反而造成「不和諧」，更嚴重是製造人民與政府的對立。詩人在〈題記〉先做說明，新京報記者蕭輝報導，二〇一四年五月十四日下午，雲南省鎮雄縣羅坎鎮茶蔚樹村村民方九書，在幾次向鎮政府有關部門，反映一家大電公司輸電線路經過他們家房屋、承包地，產生的磁輻射要求經濟賠償無果時，駕駛自家農用車堵住了鎮政府半拉子大門，被趕來的「維穩」縣公安局特警當場擊斃……賞讀〈上訪

男子被擊斃〉。（註二）

你才四十幾
正是幹活兒的好年紀
便被特警擊斃
真的很可惜

可惜、惋惜
日出像驢而耕
日落似豬而息
辛苦、忙碌
日子過得
雖比不上土豪、官吏
兒女不光身子
父母有喝有吃
磁輻照射著點算什麼
賴活著勝過死

俗話說有淚咽肚裡
可你那牛脾氣
倔起來就聽不進去
大熱天在家裡待著多好
打開電視機
與你的父母
妻子、兒女
再找個碟子敲起來
和著悠揚的旋律
一起唱「今天又是好日子」
可你偏偏要
開著那老掉牙的農用車
撲哧、撲哧
堵住人家半拉子門
被當場擊斃

話又說回來

那特警的性子也太急
其實，完全可以
長嘯一聲沖天起
飛起一腳
踹你個嘴啃泥
隨後像群虎撲小雞
銬住你的手
擰住你的腳
讓你跪在刻著
「鎮人民政府」的牌匾下
靜靜反思

當你熬不住了炎炎烈日
「白皙」的臉上、臂上
晒脫了一層層皮
再押你上三樓
禁閉你

在昨晚還是KTV 的房間學習
學習焦裕祿書記
為人民服務全心全意
肝癌到了晚期
疼痛時用杯子頂著腹部
仍喃喃念叨
「把藥讓給更須要的同志」

你死的確實太急
一腔委屈還未說出口
便被擊斃
「有事找民警」
「權為民用、情為民系」
大街小巷貼著那麼多的標語
你咋沒記
此刻，人民政府的公僕
正在富麗堂皇的大樓等你

用烏鴉反哺的感恩心
解決你提出的問題

唉，你走了、死了
笑別紅塵
再也無憂無慮
撇下父母
還有妻子、兒女
警方說你「行為過激」
當場擊斃
符合法律、情理
上百個目擊群眾
卻聯名上書為你叫屈
斥責特警手太狠
說你沒有「蓄意傷害群眾」
還按了血印子

看著那一枚枚
能映出淚花的血印子
我的心也咕嘟嘟
發火、著急
路邊一個老婆婆倒沉住氣
邊走邊自語——：
賂賻怎能擰過大腿
給政府講理
絕對沒有好果子吃
哪個廟裡沒有冤死的和尚
喝藥給你瓶子
上吊給你繩子……

共八段八十九行詩，刀切豆腐，各方該說的全說了，深入淺出的經由一個事件，反省、批判各層面的問題。第一段以四句點出事件，配合四個韻腳（幾、紀、斃、惜），加強描述力道，很驚悚，很引人入詩要往下看。

第二段快速收回筆鋒，講到小老百姓（或指那位方九書）日子過得雖清苦，比上不足比下有餘，看開些，吃點虧算什麼！確實是，這是一種生存法則。第三段進一步告訴這位村民，要怎樣快樂過日子！可你牛脾氣不聽，結果白送小命。三、四段散發出淡淡「數落」的味道，乃至責備他太固執「活該」。

詩鋒再轉向特警，第四段語氣溫和，卻也明顯批判特警處置過當，完全有方法可以制服他，沒必要當場擊斃他。這段的倒數二行「鎮人民政府」五字出現，應是一種反諷，政府是人民的，人民才是主人，怎麼現在僕人任意殺死主人，這問題很嚴重。第五段提出一個為人民服務的典型「焦裕祿」，是在教訓公務員，要向焦裕祿學習為民服務的精神。

第六段直稱他死的太委屈，主人被僕人公然擊斃，接著重伸大街小巷的標語，「有事找民警」、「權為民用、情為民系」，難到都是假的？都是騙人用的？末四句我認為是酸極的反諷，**「此刻，人民政府的公僕／正在富麗堂皇的大樓等你／用烏鴉反哺的感恩心／解決你提出的問題」**。詩人也知道這是不可能的，烏鴉反哺只用於形容子女對父母；公務員對一般百姓，說會有烏鴉反哺的感恩感，根本是神話，能做到職掌表訂工作的六成，已算「好公務員」了。而人民政府的公僕，住在富麗堂皇的大樓裡，形像很負面，等你，解決你提出的問題是諷刺性高調，真正要說的是「等下班時間」。

另兩首詩，〈萬民集體討債〉（註三）、〈民間借貸應休矣〉（註四），騙小老百姓錢財的魔鬼搞出的事件，台灣發生可多了。直到現在，注意兩岸新聞的人，一定知道，每週定會爆發幾個大案，上當者都是千百人，主謀拿著十億百億小民的血汗錢，亡命天涯，經一陣調查，就會扯出一掛「貪官奸商」的勾結網，兩岸兄弟有志一同呀！談起來也叫人感傷。

不同的是兩岸的處理方式，台灣方面公安很平和，任由群眾去示威遊行吶喊，甚至搞破壞，故也被評為「軟腳、軟弱」。大陸方面公安又太強勢，一味的鎮壓、鎮壓，給外界的形像也不好。例如，〈民間借貸應休矣〉一詩第七段，**「全副武裝的特警／使用棍子、銬子／和催淚瓦斯／抓捕、通緝／跳河、跳樓、喝農藥……」**多少弱勢家庭因而破碎。

再如〈萬民集體討債〉一詩第二段部分，**「警棍舞淫威／頭破血殷紅／討債的人們抱頭鼠竄／驚詫、驚叫、驚恐……」**結果也是死一堆小老百姓，跳河的、上吊的、喝毒藥的……製造許多家庭的慘劇。

而政府光知道鎮壓、鎮壓，媒體報導幾天也不理了，一些學者專家開始大發高見，又幾天一切都沒消沒息了。原來，另一個類似的官商勾始詐騙案爆發了，案子更大，受害者更多，公安警方的鎮壓規模也更大了！

回到主題「維和維穩」的和諧政策，我研究大陸為何誓必堅持這個政策，就算內部有一些「犧牲」也在所不惜？個中根本因素，外在的國際情勢比內部問題險峻很多。國際情勢當然指美國和日本，美國誓言要重回亞洲，表現世界老大的企圖。日本想盡辦法要擴張自衛權，其所謂「和平憲法」已推翻了，第四次侵華完成佔領中國之夢，也已經在內部野心家開始「築基」了！

越南和菲律賓逐漸升高的排華運動，背後都有美國的黑手。南海問題升溫，中國從二千年開始填海造陸建機場，就是要先期掌控將要來臨的巨變，各國鷹派人物得勢，這些都是戰爭爆發的前兆。

企圖分裂中國（目前已完成所謂「C型包圍」），瓦解中國的主要黑手還是美國，中美戰略平衡正處於改變的關鍵，中國已發展出「彈道導彈攻擊大型海面船隻」的作戰系統（指「東風21丁」），美國傲視全球的航空母艦戰鬥群，已不敢靠近中國三千公里內。想想看，只不過二十年前，美國的航空母艦開到我們家門口耀武揚威，就在首都附近台灣海峽嚇人，當時中國確實不行，只好忍氣吞聲，終於發展出專打航母的致命兵器，東風21丁。今天，他們的航母還敢來嗎？「和諧維穩」政策有功焉。

「美國海軍情報辦公室」（U.S. Office of Naval Intelligence）權威報導，「東風21丁」將成為全球第一種具有移動能力的路基導彈，可以攻擊三千公里外移動中的航空母艦。（註五）

中國另一個必須嚴防的邪惡國家是日本，倭人為消滅中國已發動過三次侵華戰爭。第一次在明萬歷時的「朝鮮七年之戰」，全軍敗亡而結束；第二次「甲午戰爭」，第三次民國的八年之戰。日本是亞洲的禍源，武士民族有天生極邪惡的侵略性，是不該存在的物種，我早已著書立說，呼籲在廿一世紀前期，中國人應以五顆核武，在一夜之間，迅雷不及掩耳之勢，消滅大和民族，將該等列島收為中國一個省。（註六）亞洲才有永久和平，中國所有其他鄰國，越南有時會造反，但為害不大；俄國已是中國的同盟國，印度可能有邊界衝突，不會有中印戰爭爆發，其他鄰國皆無大顧忌，偶有小狀況要處理，大約已在中國掌控之內。

倒是北韓，在冷戰時代成為中國的「國防戰略前緣」，韓戰犧牲的百萬吾國吾民志士是值得的，現在則已成為「毒瘤」，我預測三年左右北韓政權可能滅亡，中國要做好準備。北韓亡後，應使韓國統一，韓國不像日本，他們會逐漸倒向中國。

整體而言，中國所面對的外環境依然險惡，美日的「不上道」，越南造反，南海很複雜，北韓可能一夜之間垮台，中美極可能爆發戰爭。（註七）為面對這些變局，中國內部必須「維和維穩」，此項政策有功焉。

為維持中國內部「政軍經心」（總體國力）的發展，維和維穩也是必須的。按二〇一四年資料顯示，以下十六項已是「世界第一」：外匯存款、外貿額、高公和高鐵里程、鋼產量、水力發電、棉花、手機量、電子商務和快遞、摩天大樓、天河二號計算器速度、專利、機器人、出境旅客、進出口、新能源市占率。若能按此和諧穩定發展下去，二〇四二年中國將成為世界第一強國。（註八）所謂「中國夢」，愈來愈近了。

我的這些論述，並非要為王學忠詩中的「不滿」，找理由解釋。而是我這輩子「中國學」研究的全面觀察，我認為世界第一強國也要建立在人民幸福基礎上，如果人民的

「幸福指數」太低，也會危及「中國夢」的實現。所以，我還是希望習主席、領導階層，或省縣市的領導們，能看看王學忠的詩，定會改變你的一些想法。這是「一個生長在台灣的中國人陳福成」，良心的呼籲！

註　釋：

註一：王學忠，《我知道風兒朝哪個方向吹》（詩歌卷）（北京：線裝書局，二〇一四年五月），頁五五—五七。

註二：同註一，頁六九—七三。

註三：同註一，頁一八二—一八六。

註四：同註一，頁一七七—一八一。

註五：YST 著，王思迅編，《二〇二〇中國與美國終須一戰》（台北：如果出版；香港：大雁文化發行，二〇一四年七月），詳見第七章。

註六：陳福成，《日本問題的終極處理：廿一世紀中國人的天命與扶桑省建設要綱》（台北：文史哲出版社，二〇一三年七月）。

註七：見註五書。

註八：劉建修，〈30 年後中國將成為世界第一強國〉。台北，《遠望雜誌》，第 320 期，二〇一五年五月。頁一八。

第六章 改革開放的代價：山河毒化、腐敗墮落

每一個社會，每一個族群人種，都存在許多黑暗面、墮落面，當然也有很多光明面、神聖面。命題都在「人」，所以古來思想家有性善、性惡之說，中外皆然。反映在真實的社會、人生，當然就有了各種不同程度的好壞，但古今好壞（指邪惡、腐敗、墮落的程度）大大不同。

打開人類文明發展史，結束遊牧進入農業時代，此期間約八千年，農業時代的正邪好壞，基本上在人性的自然發展狀態中。壞，不致於太壞；惡，不致於太惡。有大壞極惡者，是極少極少的例外，極少的「個案」不能拿來解釋「普遍性現象」，牛頓定律都有例外了。

人性之趨向大壞極惡，始自工業革命開始進行「現代化運動」，誕生了「以資本主義為內涵的民主政治體制」的國家型態，「利己」是最重要的核心價值，把人的自私欲望合理化、法律化，結果到整個廿世紀，是人類「私欲」從「黑盒子」裡竄出，形成的一部百年腐敗罪惡撕殺史。進入廿一世紀，人們才開始檢討資本主義，甚至認為民主政

治體制也該有個「替代方案」了。說歸說，做歸做，眼前的利益怎能放棄？

甚至有悲觀的科學家說，現代化、資本主義和民主政治惡搞三百年，已使「地球第六次大滅絕」，提前發生且成「不可逆」。這可能很多人不相信，也搞不懂，也就是說，現代文明以西方資本主義和民主政治惡搞幾百年，把地球搞垮了，人類滅亡也不遠了！

儘管你不相信，也搞不懂，但你仔細看看本文後兩張剪報。〈兩萬八千條河流消失、中國怎麼了？〉、「山西採煤、挖出一三五二座懸空村」，或許你會相信並懂「一點點」。我再告訴你，神州大地乃至地球上各國，還有比這個嚴重十倍、百倍、千倍，真實不虛；還有更腐敗、邪惡、惰落十倍、百倍、千倍者，亦真實不虛，你相信嗎？你害怕了嗎？

讀者、客倌你信我所述，再讀王學忠的詩，你才會心裡發慌、發毛，腦袋發愁，有一股想要發動革命或造反的衝動。但我知道，你會克制，因為你我都不會也不想成為王學忠〈上訪男子被擊斃〉一詩，那位方九書的下場。（註一）

資本主義民主政治之所以使「地球第六次大滅絕」提早發生，是因為打開了人類「欲望黑盒子」，不顧後果的無限制消費和生產，導至人類賴以生存的環境全面破壞，許多物種連帶也絕種了。而在生存生活層面，把很多傳統社會必須受禮教、道德制約的欲望（如性、賭），也從「黑盒子」中解放出來，性交成為「性工作者」，和「性」有關的產業是國家重要的「商機」。日本的性產業（A片、女優、援交和性的週邊產業，如情趣商品等），足可維持自衛隊經費。學忠在〈開放的東莞〉所描述，還只是性產業的小小一塊，小塊商機大呀！

我年輕時讀〈國文〉，老師常說「賭是萬惡之源」。但後來發現各國都在賭，且企業化、商業化、觀光化、年輕化、社會化。就如同「性產業」，賭也是國家重要產業，把「性」和「賭」合起來，則是更大的商機。

資本主義式民主政治把地球推著轉，難怪「中國式社會主義」也要資本主義化，國務院幾年前公布的「中國式民主政治」，還能維持「中國式」嗎？相信所有中國人都在

兩萬八千條河消失 中國怎麼了？

二十年前，中國還有大約五萬條河流，但根據全國水利普查，其中的兩萬八千條河流不見了。這些損失的流域，幾乎相當於美國失去整條密西西比河。

這些河流爲什麼從地圖和國家記錄上「消失」了呢？氣候變化是禍首，但隨著人口與經濟迅速增長，水資源嚴重減少，包括嚴重的過度使用和污染。一些江河的「消失」與此直接相關。

河流消失的這二十年，是中國迅速工業化和城市化的時期。時間更往前推，一九五〇年代，湖北省百畝以上的湖泊有一〇六六個，到二〇〇九年只剩下五百七十四個，「千湖之省」美名已成追憶。

近二十年來，湖北試圖保護現有湖泊，但更多污染物隨著GDP成長注入，湖泊仍在萎縮，污染愈加嚴重。湖北的湖泊困境，是全大陸湖泊困境的縮影，「大湖變小、小湖變無」成爲難以逆轉的現實。

倖存下來的湖泊，也因失去江湖間的補給通道，調蓄能力、自淨能力、污染消解能力和生態修復能力都大打折扣。

伊朗的烏魯米耶湖是另一個「大湖變小」的例子。它曾是世界第三大鹹水湖，近年面積迅速縮小，剩不到百分之四十。原因包括農業過度開發，挖了數萬口井，導致地下水位不斷下降。而原本流入的河流也由於上中游的築壩攔截，有的改變走向，有的中途就斷流了。

伊朗的網友在部落格呼籲「維持湛藍」，臉書上還有其他的藝術創作，呼喚「當人們無能漠視，請老天保佑」。

伊朗地質專家建議，已經沒有任何辦法能阻止烏魯米耶湖的乾涸，出於環保考慮，最好的辦法是，在已經乾涸的鹽鹼化的湖底表面鋪上沙土，五年以後將它變成一個美麗的生態公園。

2015.4.12. 人間福報

人间福报 2015.5.19.

山西採煤 挖出1352座懸空村

因煤而興 因煤而廢 採空區幾近台灣面積 300萬人受災 村民憂睡覺房塌被埋

【本報綜合報導】因煤而興，亦因煤而廢。大陸產煤大省山西造就一批億萬富豪，但過度開採反致多處土地懸空、沉陷，形成千餘個「危機四伏」的「懸空村」，山西官方已計畫在二〇一七年完成搬遷。

山西自改革開放以來，產煤約一千億噸，提供大陸經濟發展所需的能源支持，但也承擔過度開發的後果。新華社報導，據統計，採煤造成當地採空面積近五千平方公里，沉陷區面積約三千平方公里，受災人口約二百三十萬人。數千個村莊房屋倒塌、飲水困難，許多村子還成了懸空村。

早在二〇一一年，就有媒體報導稱，山西全省十五萬平方公里土地，採空區近三萬平方公里，幾近台灣的面積，受災人數達三百萬。採空區內大面積沉降塌陷導致土壤龜裂、山體滑坡、溝渠支離，水源枯竭，無數的機關學校、工礦企業、高樓大廈危如累卵。二〇〇〇年開始就有民屋不斷地「塌下去」，二〇一一年夏天，大規模塌陷便開始出現。

如大同市左雲縣秦家山村這個曾因煤而興的小村莊，過去靠集體煤礦收入，修建了成排的兩層高樓房，如今因常年採礦，村落地下遭挖空，房屋出現沉陷、裂縫，村子最前排的房子更因裂縫太厲害，無法居住，居民多已遷移，僅剩離不開的老人，安靜得近乎「死寂」。

這樣的懸空村在山西並非少數，興旺山村同樣全村滿是裂縫，牆縫大得能伸進一隻前臂，村裡人最怕睡覺時「轟」一聲，房就塌掉把人埋了。

據了解，山西還有國有非重點煤礦和非國有煤礦採煤沉陷區兩千多平方公里，受災群眾約一百七十萬人。

山西省政府近日印發「山西省深化採煤沉陷區治理規畫（二〇一四年至二〇一七年）」，計畫自二〇一五年全面實施採煤沉陷區治理，目標是全省一千三百五十二個懸空村，共涉及二十一萬八千戶、六十五萬五千人，將在二〇一七年完成治理搬遷任務。

不過，搬遷重建工作雖有政府補助，但每六十平方公尺居民個人支出仍要一萬多元人民幣，為數不小；加上搬遷面臨土地、資金，及搬遷後居民就業等問題，遷移計畫難度不小。

有當地人表示，這事情已說了好多年，政府一直沒給解決。如果搬到一個窮鄉僻壤，農民的地怎麼解決？簡直亂套。還有網友氣憤地說：「這是殺雞取卵」、「這種斷子絕孫的開採方式，富了極少數人，腐了部分人，害了很多人，還有更嚴峻的生態環境接踵而至！」、「富了煤老闆和政府官員，老百姓卻要流離失所。」

大陸山西過度開採煤礦出現大面積採空區，數千的「懸空村」房屋倒塌。左圖為山西懸空村大同棚戶區。

圖／取自網路

看、都在想、在憂心著。西洋人也在看，他們想看笑話！他們最希望中國人玩不下！美國人則希望用經濟，乃至戰爭，讓中國回到三十年前。在美國的「亡華構想」中，就是用賭、毒、性三大計謀，在不聲不響，不知不覺中，織成一張「腐敗惰落網」，腐化各階層人心，在燈紅酒綠的溫柔鄉裡，拖垮中國社會。（註二）

說來也弔詭，在我的知識領域裡，若真要找個無腐敗惰落、無貪官奸商、無私心私欲、無官威壓人的政體（國家），俱備如此完美的國家型態存在嗎?古今思想家提過以下幾種：

第一、柏拉圖（Plato, 427~347 B.C）「理想國」：推行澈底的共妻、共產、優生制度，哲人統治，人分鐵、銀、全質三等，分別管理國家所有事務。（註三）

第二、真正的共產主義國家，完全無私人財產，大家各盡所能，各取所須。可惜上世紀所有共產國家全走樣了，今之北韓根本就是「暴政」，應盡早使其結束。

第三、完全宗教化國家，如回教基本教義派的塔利班、出現不久的「IS伊斯蘭國」，極正統猶太教派（Ultra-Orthodox），人民完全要宗教化，過淨化的清淨生活，排除一切現代化設施和生活。

第四、吾國堯、舜、禹三代官民一體同耕同食制，這是早期簡單國家型態，領導和人民一起耕種生活，雖有「階層」，卻沒有「階級」。

可惜以上四種國家不可能存在現代社會，IS伊斯蘭國就算短期取勝，也不可能「長治久安」。看來我們還是得接受這個世界半黑半白、半善半惡、半邪半正、半好半壞。在深入多次讀了學忠〈我無語〉、〈我是倒霉的一個〉、〈我不相信〉和〈開放的東莞〉四首詩，我竟已有這麼多想說的話。大家讀〈開放的東莞〉（註四），你會想到什麼？

這兒不是荷蘭阿姆斯特丹
開放的東莞
掩映花叢間
酒香不怕巷子深
八方嫖客
千里迢迢慕名來
錢袋子裡的銀子沉甸甸
湘妹川妹河南妞
八〇〇、一〇〇〇
個個花正艷
臀兒扭著腰牌
任你挑揀
紅白藍黃不爭論

精英的樂土
富豪的伊甸園……

這兒不是泰國性欲迪斯尼樂園
開放的東莞
掩映花叢間
曇花開在一剎那
莞式服務
將供高端性藝術
分分秒秒都美侖美奐
渝妹鄂妹東北丫
八〇〇、一〇〇〇
個個花正艷

臀兒晃著腰牌
隨你挑揀
姓社姓資不爭論

精英的樂土
富豪的伊甸園……

小平同志早說過，「不論白貓黑貓，會抓老鼠就是好貓。」現在姓社姓資確實不必再爭論。詩人筆下開放的東莞，從頭到尾沒有一句「惡言」，但弦外之音，對那些與性相關的「產業」，已是一種批判，不論是那些湘妹川妹鄂妹，或那些精英、富豪，都是一種腐敗惰落的行為。是否如此？我倒另有看法。

第一、當年沿海開放幾個「特區」，東莞是其中之一，領導階層應已想到把這些「資本主義的惰落」，管控在一個小範圍內，這是務實的。

第二、這些賺皮肉錢的小姐們，部分是虛華，大多數背後可能是貧窮的原因，家裡有很大的經濟壓力。我比較傾向同情，而不視為惰落。

第三、在這裡消費的精英、富豪，要從心態來區別，消費成習慣沉迷是惰落。公務員絕不准涉足聲色場所，涉足者通常是「官商勾結」。

「東莞現象」在全世界所有都市都有，只要在國家法令規章管控下，公務員不准涉足，就讓它成為「有特色的特區」，則尚不能扣以「腐敗惰落」的大帽子。另一首〈我不相信〉，才是改革開放嚴重的後遺症（代價），不能等閒視之。（註五）

我不相信
命運這樣無情
才剛剛站了起來
又跌入泥坑
跌回一九二一
南湖船上的那個夢

那是一個偉大的夢
冬天不再寒冷
沒有剝削、壓迫
每個勞動者的臉上
都綻放著當家做主的笑容
如今成了泡影

我不相信
輪回是天命
是亘古不變的定律

龍的子孫世代是龍
昨日的土豪劣紳
今天的精英大亨
百分之九十九的財富
由百分之一的人享用
豪門豪強豪奪
驕奢驕慢驕橫
一句話、一個噴嚏
都天搖地動

我不相信
鼠一樣的底層民眾
只能勞作在大地底層
生活在社會底層
這刻不知下刻的命
苟且偷生

礦災、火災
死亡隨時都在發生
眼淚、血肉
幸福了那些寄生蟲
富士康十三跳
跳出了無奈中的悲壯、英勇

我不相信
這世界原本就坑坑洼洼不平
精衛填海
挖山不止於愚公
只是一個美麗的神話
遙遠的夢……

詩一連幾個「我不相信」，製造強大的落差和堅定的信念，加強喚醒的力道，改革開放說好「從此以後過著幸福美滿的日子」。結果、結果，慘啊！**「跌回一九二一／南湖船上的那個夢」**，現在到上海街頭問十個大陸年輕人，可能無人知曉，那確實是夢，而且永遠是「幻夢」。古今中外所有搞革命、搞政治運動的「政治人」，最懂得運用這個「幻夢」，製造比天下的「餅」，欺騙天下蒼生，而人民都信以為真……

一九二一年，在蘇聯國際共黨代表維丁斯基（Grigorii Nammovich）先已策劃完成，接著馬林（H.S. Maring）於這年七月來華，親自指導中國共產黨誕生並開第一次全國代表大會，地點在上海法租界貝勒路的李漢俊寓所。後繼又在浙江嘉興之南湖召開，出席者十三人，代表五十七位黨員，前後歷時一週。（註六）

◎十三位代表名單：

廣東代表：陳公博、包惠僧。

上海代表：李漢俊、李達。

武漢代表：董必武、陳潭秋。

長沙代表：毛澤東、何叔衡。

濟南代表：鄧恩銘、王盡美（俊美、燼美）。

留日代表：周佛海。

第三國際代表：馬林、吳廷康。

◎大會通過〈黨綱〉、〈宣言〉、〈決議案〉等。

◎成立中央局，作為共黨最高領導機關。

書記：陳獨秀

組織委員：張國燾。

宣傳委員：李達。

王學忠說的南湖船上的那個夢，是上述那票人製造出來的。**「那是一個偉大的夢／冬天不再寒冷／沒有剝削、壓迫／每個勞動者的臉上／都綻放著當家做主人的笑容／如今成了泡影」**。我認為這仍有程度差異，假設把任何國家的國民所得（生活）分三等：高所得↓中產階級↓低收入者。再將低收入者分三等：低收入↓貧困↓赤貧。則：

世界第一富強的美國：

低收入者：約三千萬人。

貧　困：約一千五百萬人。

赤　貧：約一千萬人。

中國大陸：

低收入者：？億。

貧　困：？億。

赤　貧：？億。

非洲肯亞：（慘不忍寫）

中國大陸沒有可靠資料，但我判斷低收入者數億，貧困者不下兩億，赤貧也不下一億人。而中上結構群，能叫「百萬富翁」至少上億人，叫「千萬富翁」至少幾千萬人，上億大腕可能幾百萬，能叫「富豪」可能幾十萬人。無論如何發展，廿一世紀注定全球走向「M型社會」，每個國家都有為數可觀的人過著貧困，乃至赤貧，暗無天日的悲慘生活。佛菩薩、耶蘇、阿拉眾神皆無能為力。唯一的救星，回頭推行真正的共產主義，全球廢除各種民主體制，到那時才能說「地球上沒有窮人了」！

話雖如此，學忠的詩突顯改革開放產生的嚴重問題，貧富差距腐敗惰落等，各級領導若有機會看他的詩，或許對底層弱勢者有份同情心，可在政策和制度尋求補救之道。我們中國人說「人在公門好修行」，王學忠是個「窗口」，各級領導請來看看這個窗口。讀他〈我是倒霉的一個〉。（註七）

「改制」砸了碗
「轉型」破了鍋
昔日的主人
腰斷腿折
從斷垣殘壁上跌落
新廠房壯觀巍峨

綠旗換下了紅旗
不再姓社
董事長、總經理
春風得意的精英們
笑得前仰前合
唉，我是被遺棄的一個
肚子裡有話不敢說

窮了大多數
富了一小撮
有的擁有豪宅374套
有的居無定所
占地二十平方公里的高爾夫球場
僅供幾個人享樂
天上人間
特色中國的特色產業
東西文化的交匯

知識與藝術的結合
荒淫不叫惰落
一陣銷魂
幾番雲雨後
江南、北國水天一色
唉，我是貧窮的一個
肚子裡有話不敢說

廁所分男女
官與民是兩股道上跑的車
趴在井底的是青蛙
飛翔天空的叫天鵝
土豪富豪英豪
豪紳豪門豪奪
小小李剛父子不算什麼
高薪養廉
精英治國

使煌煌一部《共產黨宣言》
黯然失色
唉，我是倒霉的一個
肚子裡有話不敢說

我忖度著，大陸除第一代老革命到改革者鄧小平時代，還存在者會計較「姓社姓資」問題，其他大概是不計較了。當小平同志提出「白貓黑貓論」，講了「摸著石頭過河」時，我認為他就已揚棄了二分法的選項。就以現在的世界各國（北韓除外），嚴格來說，也沒有真正姓「社」的，也沒有完全姓「資」的。依我的看法，大陸目前仍在「摸著石頭過河」，而且為了「維和維穩」的必須，有些很「敏感」的問題，只能「做」不能「說」。

例如，我在台灣聽到過「大陸問題專家」說，大陸高層老早想把「中國共產黨」，改成「中國社會黨」，考慮不少「老革命」還在，感情上說不過去，當然也為「和諧」，所以「一動不如一靜」。這是很實際的說法，吾人嚴格檢視兩岸現狀，台灣這部憲法號稱「三民主義憲法」，大陸仍高掛「無產階級專政」是憲法重要精神。但台灣早把三民主義當破鞋丟了；而大陸更是騙死人不償命，從建國到現在，有那位「無產階級」有機會可以「專政」一天？從中央——省——縣市各級政府，何時讓真正的「無產階級」主政？不知道那位大陸的學者專家可以回答這個問題？

何謂「無產階級」？不就是無產者嗎？一無所有的窮光蛋，貧窮者乃至是赤貧，國家政權即然由這個階級「專政」，這個階級理應是最「尊貴」的階級。然而，是嗎？這個階級現在被改制砸了碗，被轉型破了鍋，腰斷腿折，生活在最底層的陰暗處。我無語，王學忠也只能說〈我無語〉。（註八）

你說周扒皮不容易
半夜三更
撇下嬌妻
鑽進雞籠學雞啼
還常常弄得一身屎
只是為了
那貧瘠的土地多收幾把米

你說雷鋒真假是個謎
即使真的
腦子也有問題
人為財死

鳥為食亡是天理
或許他幼年患了大腦炎
落下胳膊腿朝外撇的怪癖

你說潘金蓮的愛情是悲劇
婦女解放包含法理、生理
秋瑾用的是筆杆
潘氏用的是身體
武大郎乘人之危占便宜
一誤了她人
二害了自己

你說工人下崗是大勢所趨
提高生產力
首選市場經濟
讓懶人離開
把能人請進轎子裡

精英有了機遇
弱勢群體才會有動力

你說高薪養廉是妙計
貓吃飽了不逮鼠
豬吃飽了睡大覺
棍子打屁股也不起
當官的個個盆滿鉢滿
貪污腐敗準絕跡
賣糖的敲鑼
抹花臉的唱戲
誰的肚子餓誰喊飢
你說、你說
我無語……

這是一首帶著詼諧、譏誚的反諷作品，又不失帶點輕鬆幽默的語調，雖無語，卻也把該說的全說了。那「無語」是「無解的習題」，考驗著現在的國家領導人習近平同志，能否解決這些窮人心中「無解的習題」？

性的解放也是學忠詩裡常有議題，他是嚴厲批判的，視為一種腐敗惰落的行為。如〈我是倒霉的一個〉有**「荒淫不叫惰落」**等句，〈我無語〉有**「婦女解放包含法理、生理」**等句，所謂的「解放」，是很誘人、很可怕也很複雜的議題，共產主義在廿世紀之所以流行全球，不就是打著「解放」大旗嗎？解放產生的力量搞垮了對手政權。國家武力不就叫「解放軍」，男人解放了，女人為什麼不能解放？性自主為什麼不能解放？同一個世界、同一個國家，為何兩套標準？豈不歧視女人？

所以，這是一個非常、非常複雜的議題，涉及近百年來的女權主義或新女性主義運動，乃至人權、平等等諸思想的流行，非本文略述所能說的清楚明白。我表達以下淺見與詩人、讀者參考。

第一、女權運動所倡導的「婦女解放」是建立在婦女的「覺醒」上，覺悟「身體」是自己所有，不屬於任何男人所有。因此，「性」，必須自己自覺自主下的行為，也就是女人要和那個男人上床，只有自己有權決定，謂之「性自主」。是故，在覺醒、覺悟的前提下，覺得自己有「需要」，且完全自由自主，所產生的性行為，都合乎「解放」定義，這是人性的覺醒，不能以腐敗惰落污名之。

由於這種思想在西方世界廣泛被接受，反映在現實面有不少「改革」，「婚外情除罪化」是其中之一。所謂婚外情除罪化，指妻子和別的男人上床了，或丈夫和別的女人上床了，以往叫「通姦罪」，是一種「罪刑」，現在不成為罪，屬道德問題。據聞，大陸、西方各國已「除罪化」，只有伊斯蘭各國和台灣尚未除罪，由此觀之，大陸比台灣先解放、先進。

第二、凡是無知無覺，不知所以的賣淫、性交易，靠「賣身體」生活，這叫腐敗惰落。

第三、開發中地區最普遍的聲色場所，很多因貧窮、家庭壓力等因素必須「下海」，也不應以惰落名之。或者，她們把性交易當成「工具性」運用，雖不鼓勵，也只好接受。就像日本，已是全球第一大「性產業大國」，他們把「性交易」全面升級，以工具性操作成為國家產業。

我雖這樣略述，仍未能說得清楚，因為問題很複雜，有興趣的人可以自行找專書看。雷鋒一度是大家學習的典範，現在還有誰記得他?說大家不敢相信的，美國軍隊已把雷鋒列為學習榜樣，為什麼?看下面的網路資料。

來自祖宗的呼喊：中國人迷路了

*2014-11-12 一鍵添加*陳大惠 陳大惠 附錄資料來源：網路

過去 **30** 年的經濟騰飛，使中國擺脫了一個多世紀以來西方強加在我們身上的恥辱。然而在奔跑著追趕西方的路上,我們也時常察覺和歎息：一些原本屬於我們的珍貴的東西，不知什麼時候被丟掉了，甚至已不能清楚描繪它的本來面貌。這種東西就叫做中國傳統文化

中國傳統文化是居住在中國地域內的中華民族及其祖先所創造的、為中華民族世世代代所繼承發展的、具有鮮明民族特色的、歷史悠久、內涵博大精深、傳統優良的文化。它是中華民族幾千年文明的結晶。

傳統的精華不能丟，優秀的文化不能丟，優良的傳統更應繼承！

看兩會報導，全國政協委員，山東大學教授劉大鈞說：一個外國朋友他看到研究中國傳統文化的一位學者，帶著一箱子，研究中國文化的書，去美國讀。在美國讀了一年，自己帶的書後，從國外回來，就可以晉升教授了。這種形式上的要求應該取消。

可悲！中國人，拿著自己老祖宗的東西，只是換到美國那個地方讀一讀，回來就金光閃閃了。

那美國，到底是個什麼地方？

我們認識美國，是從改革開放之後，中國從封閉一夜之間，走進了色彩斑斕的花花世界。我們不僅學到了，他們的科學和技術，也快速學來了吃，喝，嫖，賭，抽。

性解放空前的繁榮，離婚率逐年上升。失足少年，遍佈每個角落。墮胎就和感冒一樣流行。搶劫，拐騙，綁架，兇殺，吸毒，已經是家常便飯。貪污，腐敗，官二代，小三小四，如雨後春筍，後浪推前浪。千奇百怪的疾病，隨之而來。

可是，大家不知道，美國在幹什麼？

1989 年，美國的西點軍校，把中國的《孫子兵法》還有毛澤東的《論持久戰》作為選修課程。美國軍隊必須學的人物，也許您想不到，就是中國的雷鋒。美國尼克森總統，寫下這樣一本書《不戰而勝》，理論來自中國的孫子兵法。

他在書中，這樣說：”**當有一天，中國的年輕人，已經不再相信，他們老祖宗的教導和他們的傳統文化，我們美國人，就不戰而勝了……**”美國在預謀，和平演變中國，結果我們中招了。他們沒動一搶一炮，只用了中國老祖宗的智慧，就把我們打敗了，今天看來，美國已經成功了。

冷靜想想，他們教會我們性解放，他們卻在反對墮胎。他們讓中國人，喪失了家庭責任，但是他們強調一夫一妻，倫理道德。堂堂的美國總統克林頓，他只有一個外遇，都要遭到嚴厲的彈劾，這說明什麼？

他們讓中國孩子，很快進入了電子時代，我們的父母措手不及，立刻變成文盲。獨生子女們，不用辛苦賺錢，就能活的瀟灑自由。他們穿名牌，吃飯店，睡酒店，除了朋友，誰都不需要。

電視劇《蝸居》讓成千上萬的中國女孩兒，誤入歧途，小三，堂而皇之的被追捧。越來越多的孩子，傲慢無禮，目中無人，視父母為多餘。殺父打母，屢見不鮮，成就了，一批批肆無忌憚的啃老族。

可是，美國孩子，十八歲就被趕出家門，自己養活自己。我們很多孩子，沒有自理能力，樣樣都是低能兒。美國教會我們花未來的錢，貸款買車，買房，買夢想。無度的欲望，讓我們透支金錢的同時，也透支了生命，很多人英年早逝。

美國把我們的燈熄滅了，自己國家卻燈火通明。我們真的中計了，百年樹木，十年樹人。我們讓美國，整整毀了幾代人，從此中國開始是非顛倒，善惡不分。由於文化的不同，造成了我們致命的災難。

美國歷史很短，才兩百多年，他們把公民，視為小人，只能拿法律約束，因此條條框框很多很多。我們中國歷史悠久，博大精深，文化深厚，視百姓都是謙謙君子，所以才用道德來衡量。

當西方的文化進入中國後，講良心，論因果的中國人，道德底線模糊了。整個名族都陷入被動，處處混亂，卻看不出來，哪裡出了問題。當毒大米，大頭娃娃，蘇丹紅，河水污染時，我們還沒有，相應的法規來制裁。
我們一邊誘惑無限，一邊抱怨社會不公。
官員貪污受賄，嫖娼養小。
商人只顧賺錢，無視良心。
醫生變成強盜，乘火打劫。
教授教師賺錢，麻利快捷。
一些家長，就象沒孩子的貨色。
一些孩子，就像沒爹媽的主兒。
遇到個別老人，摔倒訛詐事兒，全民都在考慮，到底扶不扶。
這種因噎廢食的傻瓜思維，已經讓國民素質，到了道德最底線。
讓社會上，最弱勢的一個群體，老人們寒心傷肺。
讓人都忘記了，誰家沒老人？自己也會老的現實。
宅男，宅女，自閉，抑鬱，自殺的人層出不窮。
看似有車有房有存款，是富裕了，但是幸福指數，卻掉到了全球倒數第一。表面的繁榮，讓人失去了方向，掉進了痛苦的深淵。
當人心浮躁，貪得無厭時，終於我們感召來了，前所未有的災難。
地震，水災，火山爆發，泥石流，風災，大地塌陷，火災，禽流感，霧霾等等，我們飲苦食毒，吃，喝，用，住，空氣，樣樣都讓我們無路可逃，這不是報應嗎？
可悲的是，這樣的災難，我們都習以為常，麻木不仁了。
如果再不把中國老祖宗請回來，我們真要唱《國歌》了。
麻木的中國人，你睜眼看看，美國禍害完我們，他們在幹什麼？
美國在 2004 年，設立了孔子學院，現在已經達到了 81 所。
同樣鄰國日本，他們在 1986 年，也成立了孔子學院。
當日本遭災，日本天皇，首先邀請，中國的高僧大德，用中國老祖宗的智慧，幫他們化解災難，祈禱平安。
我們中國的年輕人，盲目追韓國明星時，他們卻成立了孔子學院。
韓國官方說，孔子和老子，都是他們韓國人，他們在和我們爭奪歸屬權。我們中國的針灸的國際標準已經屬於了韓國。
我們用腦子好好想想，這是為什麼？
比爾蓋茨做慈善，就是源于中國傳統文化。
他向搜狐財經表示：”我們都有一條，已所不欲，勿施於人的基本規則”這就是孔子的話。比爾蓋茨已經把，中國的傳統文化，運用的爐火純青。他明白了，中國老祖宗的，舍和得的關係。
大舍大得，小舍小得，不捨不得的道理，所以他做慈善，樂此不疲。
事實證明：他是世界上最富有的人。
當比爾蓋茨學了《弟子規》和《孝經》後，就道出了人間真諦：世界上最不能等的，就是孝敬父母。
他明白了，無論你是富翁還是乞丐，無論你是天子還是平民！
我們每天盲目地為了生存和發展而奔波，確實需要靜下來反思一下前方的路啊。
我們的祖宗在吶喊：孩子醒來，孩子快快長大！
希望看完此文的讀者能夠將本文廣為轉載和傳播，以淨化我們周圍被污染已久的環境，感染和影響更多的人，讓中國人不再迷路！

註　釋：

註一：王學忠，〈我知道風兒朝哪個方向吹〉（詩歌卷）（北京：線裝書局，二〇一四年五月），頁六九－七三。

註二：此一「亡華構想」寫成信條，是美國中央情報局的內部文件，數年前曾流出，筆者親自看到此一文件。

註三：薩孟武，《西洋政治思想史》（台北：三民書局，民國六十七年六月），頁三二－四四。

註四：同註一，頁一二〇－一二一。

註五：同註一，頁一一七－一一九。

註六：陳福成，《中國近代黨派發展研究新詮》（台北：時英出版社，二〇〇六年九月），第一章。

註七：同註一，頁八二－八四。

註八：同註一，頁八五－八七。

第七章　仇富，再檢討資本主義

自有史以來就有貧富問題，形成原因雖也複雜，不外乎客觀的社會環境（政局、制度等），主觀的先天背景（家世、個人特質、能力、智慧等），有時不得不承認有些人生來就有賺錢智慧，有的人不僅天生不會賺錢，還是天生敗家子。其他或者再加上命運、機會、不可抗拒的困境等，使貧富始終存在，但若能使整個社會的貧富成為少數，中產階級成多數，這就算「理想」的社會。

但這種中產階級多數的「理想」社會，因資本主義實在是一隻現代社會的大恐龍，幾乎所有國家的中產階級都逐漸「貧窮化」，成為兩極化的「M型社會」。貧富對立日愈嚴重，乃至「仇富」，足以造成政權危機。

地球上也有很多國家（如第三世界、非洲地區），幾乎永遠沒有出現中產階級，國家處於長期貧窮，除了有幾個富人。這種情形都是「貧窮的惡性循環」所造成。（註一）一個國家

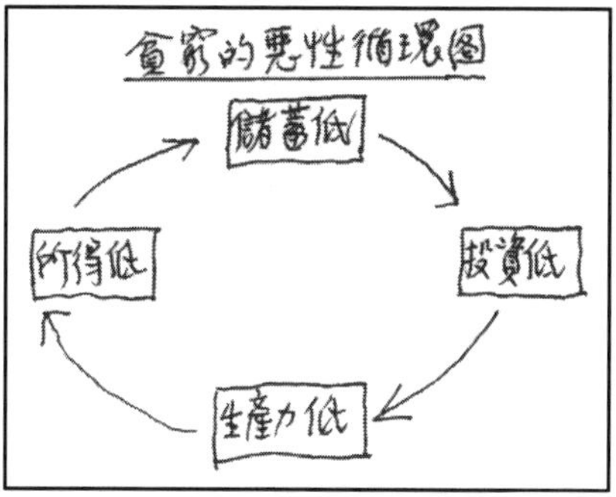

為何會長期處於貧窮的惡性循環？也很複雜，但不外兩個基本觀點：（一）落後的長期存在，（二）掙脫貧窮困難。於是，也造成國際間的貧富對立，乃至仇視富國。

整體觀察東西方「貧富演化史」，羅馬帝國滅亡前，領導階層和富人們生活奢華浪費，社會上到處是飢民。法國大革命前夕，多數人民窮得沒有麵包吃，皇室生活依然奢華，有人向皇后說：「人民沒有麵包吃。」皇后竟回答說：「沒有麵包吃，為什麼不吃牛排？」我相信這時候，法國社會的「仇富」已到「臨界點」，革命爆發已是不可逆了！

吾國歷朝歷代之衰亡，史學家大致認為「農民革命」較多，農民為何要革命造反？不外貧窮，生活困難到日子過不下去，而領導階層更加壓迫徵稅，少數富人極盡奢華能事，自然心生不滿情緒。當杜甫寫下**「朱門酒肉臭，路有凍死骨」**（〈赴奉先詠懷〉），相信民間的「仇富」情緒正在高漲！

近幾年來，台灣社會的仇富情緒絕對高於大陸，結果是造成「二〇一四國民黨大潰敗」，各界都認為國民黨在二〇一六大選丟掉政權已是必然。當然，這中間台獨的見逢插針抹黑，各種政治算計也是原因，但人民對薪資不漲，貧富差距愈來愈大，整個社會的經濟水平一再下降，退休公務員的退休金不斷被無理剝削。各種民怨加上仇富情緒，終於沖垮國民黨。

大陸社會的仇富情緒如何！我並不知情，偶爾從媒體得知若干。到底貧富差距在大陸產生何種影響？亦無可靠的學術研究做依據，但學忠這首〈仇富〉是一面窗，窗外看

到什麼？（註二）

仇富
不是下山虎
飢腸轆轆
張著血盆大口
見人就咬
吞下肉和骨

也不是劫匪、草寇
越獄囚徒
夜深人靜時
路旁草叢中潛伏
而是一種本能
如同北方冬天的白楊葉
都光禿禿

仇富
其實，是在呼喚一種進步
不自暴自棄
輕言敗、輸
向命運挑戰
邪惡挑戰
對不平的制度說不

或許，也是在提醒
道路年久失修
便會凹有凸
坑坑洼洼
高高低低不是路
不是社會主義
平平坦坦寬闊的路

要橫下一條心

修路、修鄉間小路
工廠、學校、軍官
城市大路
人民心上的路
鏟掉高的、凸的
填平凹處
行駛在上面的大車小車
才不會顛覆

仇富
並不可怕
既不必大驚小怪
也不可熟視無睹
一貧如洗者的淚珠
淌得好酸楚呀
一夜暴富者的卑鄙手段
驚心觸目

仇富
不是洪水猛獸
亦非刀槍箭弩
說遠即遠
說近即近
離王小波揭竿而起
只差半步……

這首詩的行文佈局也巧妙，明明仇富是嚴重的問題，他先不這麼說，先給大家吃「定心丸」。說仇富不是什麼老虎草寇！只要做些修橋補路的工作就好，就這麼簡單。最後只用兩句話，嚇死一堆高層領導，離「揭竿而起」只差半步，政權要垮了（換朝代），各自逃難吧！

這「半步」到底多遠了？古今中外的大帝國，從社會貧富差距拉大，到亡族亡國，有的撐了幾百年。遠的不說，以我們的大唐帝國為例，唐朝從高祖武德三年（西元六二〇年）起算，至昭宣帝天祐三年（九〇六年），凡二十帝二百八十七年。但大唐從安祿山造反後開始衰落，安祿山在洛陽稱帝是唐肅宗亨至德元年（七五六年），等於是衰落到滅亡，拖了一百五十年。

大約是安祿山稱「大燕皇帝」之前夜，杜甫去奉先探望妻子時，一路上感受到豪門的惰落，眾多貧民的苦難，留下名詩句，**「朱門酒肉臭，路有凍死骨」**。在此之前，唐朝的貧富差距已很嚴重，杜甫為歷史留下鐵案如山的證據。因李林甫當國，楊國忠掌權，玄宗迷於酒色，各級公務員當然就「把握良機」搞錢，貪污也！而富人從來也都嫌還不夠，還要多弄些錢，最倒霉的是廣大的苦難人民。這時杜甫在〈奉贈韋左丞文二十二韻〉一詩寫著：

朝扣富兒門，暮隨肥馬塵；
殘杯與冷淡，到處潛酸辛。

杜甫許多作品都真實反映各級領導的腐敗惰落，詠懷廣大人民的苦難，彰顯嚴重的社會問題，〈兵車行〉、〈麗人行〉、〈三吏〉（新安吏、石壕吏、潼關吏）〈三別〉（新婚別、垂老別、無家別）。試讀〈兵車行〉部份段：（註三）

李河君 小檔案

籍貫	廣東省人河源市，客家人
年齡	48歲
學歷	北京交通大學機械工程系畢
經歷	●1994年創辦的漢能控股集團，主要從事水電業 ●2009年進軍太陽能發電，成立漢能薄膜發電
身家	靠旗下香港上市公司漢能薄膜發電2014年起股價突飛，以2486億港幣（約1兆台幣）成為大陸首富

製表：萬仁重

2015.5.21 中國時報

漢能「妖股」暴跌47% 中國首富換人

萬仁重／綜合報導

中國首富李河君持股80.75%的漢能薄膜發電，昨在香港股市出現「跳崖式暴跌」，開盤後70分鐘內大跌47%，讓李河君身價瞬間蒸發1167億港幣（約4686億台幣），他原本將近1兆台幣身家，遭腰斬只剩5261億台幣，也因此被踢下中國首富寶座。

李河君昨天上午缺席香港的股東大會，卻以漢能控股集團董事局主席的身分在北京出席漢能清潔能源展示中心落成典禮，並發表10分鐘談話。與會人士透露，李河君發言之後獲知股價慘跌消息，「黑著臉離開了現場」。

港股上市公司漢能薄膜發電有「妖股」之稱，它的股價從去年5月約1元港幣，自滬港通開通後，一路狂飆，到今年3月初已漲到9元港幣。但漢能薄膜股價昨日不尋常暴跌，外界眾說紛紜，有一說是漢能薄膜發電的主要股東通過衍生工具與他人對賭，香港證監會已介入調查。

包括英國《金融時報》、《第一財經日報》、《中國企業家》等多家中外媒體，此前就曾連續刊發數篇報導質疑漢能的經營手法及暗中炒股。

《金融時報》質疑，漢能集團與其港股上市公司漢能薄膜之間，存在異常密切的商業聯繫。例如：漢能通過向母公司出售生產設備，再將母公司生產的材料購回，給母公司的下游企業或別家企業安裝，利用這種左手交右手的運作模式，漢能薄膜便能輕鬆獲得50%以上的淨利潤率。

漢能薄膜疑涉股價操縱，從2013年1月2日至2015年2月9日的25個月中，有23個月該公司股價在交易日的最後10分鐘上漲。

業界人士表示，香港證監會早就展開調查，但一直找不到證據，現在估計有利益糾紛，有人提供證據，或幫忙做莊的人突然有資金壓力拋售，造成股價重挫。

今年48歲的李河君，在2015年胡潤全球富豪榜上，以1600億元人民幣身價超越大陸富豪馬雲和王健林成為中國首富；在全球富豪榜排第28位。

富豪夫妻的船 救了3千難民

非洲、中東開往歐洲的偷渡船 今年已1600死 馬爾他伉儷砸3千萬元改裝「鳳凰號」地中海搜救

2015.4.24. 人間福報

【本報綜合外電報導】從非洲、中東等戰亂地區偷渡到歐陸的非法移民船隻近年頻繁出現在地中海上，今年的偷渡熱季才剛開始，已有超過兩萬人在義大利上岸，但也有多達一千六百人葬身海底。來自馬爾他的卡川波恩夫妻斥資約新台幣三千萬元買了艘船，改裝爲搜救船，去年至今已營救超過三千個難民。

美國有線電視新聞網（CNN）日前報導，克里斯多福·卡川波恩（Christopher Catrambone）和妻子瑞吉娜（Regina Catrambone）兩年前聽到天主教教宗方濟的一次演講後，決定投入人道工作。

卡川波恩夫妻斥資約新台幣三千萬元買了一艘長四十公尺、重四百八十三噸的拖船，將之改裝成救難船，取名爲「鳳凰號」，並買下兩架高科技無人駕駛機，開始在地中海搜救。

「鳳凰號」有二十名船員，包括醫師、護理師和廚師。船上有診所、一千公升的清水、充足飲食和數以百計的救生衣。搜救行動每個月的開銷近新台幣一千四百萬元。

偷渡客經地中海湧入義大利，許多人未能上岸便在大大小小的船難中喪生，光是發生在上周末的最近一起船難就有七百人罹難。今年已有一千六百名偷渡客葬身地中海，這個數字在去年一到四月爲九十六人，今年成長超過十倍。

原籍義大利的瑞吉娜說：「我們正在與時間賽跑。」她表示，看見難民眼中的絕望。由於敘利亞、利比亞等國局勢動盪，當地人除了逃難別無他法，她說：「這些難民死在歐洲的門口，歐洲國家應該伸出援手。」克里斯多福表示，難民上船後的反應，常是大大鬆一口氣。

克里斯多福因經營戰地保險公司致富，十年前因家園被卡崔娜颶風摧毀，帶著妻女從美國移居馬爾他。去年他與妻子同遊地中海，看見海上漂著一件疑似船難死者的遺物，兩人決定把財富投入善行，在地中海執行救援行動。

克里斯多福（右）、瑞吉娜夫妻自費買船，在海上營救難民。圖／取自網路

……君不聞漢家山東二百州，千村萬落生荊棘。縱有健婦把鋤犁，禾生隴畝無東西……縣官急索租，租稅從何出？信知生男惡，反是生女好。生女猶得嫁比鄰，生男埋沒隨百草。君不見，青海頭，古來白骨無人收。新鬼煩冤舊鬼哭，天陰雨濕聲啾啾。

吾人無從考證大唐帝國到杜甫所處時，人民的「仇富」情緒多少？人民的「幸福指數」跌到多少？皇室的支持率也鐵定比現在的馬英九低，馬英九曾跌到「九趴」，因而導至「二〇一四國民黨大潰敗」。但所有的問題，杜甫都留下證據，為何我讀杜甫作品，總會想到王學忠的詩作，他為這個時代苦難的一群人，留下鐵案如山的證據。

回到王學忠這首〈仇富〉，光讓人吃定心丸，仇富不是猛虎草寇，並不可怕，就像電影的災難片，先來一段平靜溫馨的畫面，再使災難如迅雷爆發。這樣製造「情緒落差」，達到驚悚效果，雖不可怕，但距人民革命起義，只差半步，這就嚴重了。

把貧民形容成如同北方冬天的白楊樹，都光禿禿，一貧如洗。正似杜甫所述千村萬落生荊棘，禾生隴畝無東西，神州大地也是光禿禿的。但說**「仇富／其實，是在呼喚一種進步／不自暴自棄」**，對領導階層或許可以呼喚一種進步，對窮人難有這「境界」。通常社會上的「仇富」情緒開始高漲，必然形成洪水猛獸似的民怨，如果政客再加以「操作」，天大的災難就報到了。

〈仇富〉一詩再度提到社會主義，要平平坦坦寬闊的路才是社會主義；反之，坑坑洼洼高高低低不是路，即不是社會主義的路，而是資本主義的路。有人用一句話形容這兩種制度的不同，「社會主義是大家有飯吃，資本主義是有飯大家吃。」聰明的讀者，你深悟這句話嗎?賞讀〈資本主義〉一詩。（註四）

資本主義
絕非神祇
天上掉下的餡餅
樹上搖曳的果實
喊聲「芝麻開門」
一袋袋金幣
隨你拿去

夢可以做的很美
現實卻是一把刀
帶血的刀子
扎在人們的心裡

百分之一
吮吸百分之九十九的
肉和骨頭榨成的汁

市場經濟
說好聽點兒
適者生存
實乃弱肉強食
大魚吃小下
小魚吃蝦米
蝦米啃污泥

虛擬經濟
分明沒有麥子開磨坊
畫個賬本子
誘送麥子的人蜂擁而至
一個個氣喘吁吁

累了，賞頓便飯
樂得歡天喜地

自由選舉
其實是富人與富人
玩兒搶椅子的遊戲
這回是我
下回是你
老子死了有兒女
一幫窮小子抬轎子
噠噠喃喃

普世價值
民主、法制
黃鼠狼編了個故事
騙小雞
占領華爾街的人再多

最終哪兒來哪兒去
只許州官放火
不許百姓點燈
是歷史也是現代史

資本主義
不是奶酪、金子
幾個騙子扎個籠子
設的局
百分之一
一夜暴富
吮吸百分之九十九的
肉和骨頭榨成的汁……

讀學忠這本詩集，對我而言，也像讀一本詩寫本〈資本主義和社會主義問題研究〉，可以深入思考許多政治和社會、經濟等問題。此處，我先更正式的談談資本主義的「精確」內涵。資本主義源自十八世紀的英國，再擴展至全球，有四大基本思想。（註五）

第一、私有財產制（Private Property），乃是資本主義最根本元素。從經濟觀點，可以產生二種極大的動能作用。（一）激勵擁有財產的人，將其財產再做最生產效率的運用；（二）個人累積資產並於身後移轉，對財產和所得分配產生深遠影響；（三）由於（一）（二）項因素，社會才有頻繁的交易和追求利潤的活動。

第二、利己主義：一隻看不見的手（The invisible hand），一隻神聖的手，推動歷史前進。這個思想來自素有「資本主義聖經」的一本書，《國富論》（吾國學術界曾譯《原富》，An Inquiry into the Nature and Causes of the Wealth of Nations），作者正是亞當史密斯（Adam Smith, 1723-1790）。只有「利己」（Self-interest），能驅動一切經濟活動，該書至今仍為資本主義的聖經。（註六）

第三、自由放任（Laissez nous faire or leave us alone）。指政府沒有任何干預，因為經濟活動是「個人私事」，到二十世紀修訂為適當限制。

第四、競爭與自由市場。理論上，純粹的這種市場有二個特色：（一）有大量的買者和賣者，個別買賣比例都很小，不足以影響產品的市場價格。（二）買方和賣方都不受限制，充份了解市價，自會選擇進退時機。

資本主義思想在十八世紀由《國富論》為鐵律，十九世紀再經《進化論》成金律，民主政治乃建築在這種基礎上。因此，民主政治和資本主義，是一體之兩面，「二個班子、兩塊招牌、一個腦子」。

在馬克斯時代，英國正是資本主義社會的代表型態，一八六六年馬克斯在漢堡出版《資本論》，也正是維多利亞女皇統治時期中葉，資本主義已發展到最壞極惡情況。《資本論》例舉觸目驚心的慘狀，勞工階級生活慘不忍睹，婦女沿著運河兩岸拉縴，如牛馬拉車。紡織廠的童工，最小的九歲，和成人一樣每天苦工十二到十五小時，馬克斯預言：（註七）

當貧窮、壓制、奴役、剝削等發生時，勞工階段的怒火也更為強烈……他們人數越來越多，而且正是按照資本主義生產方式組織起來……生產工具的集中以及勞動力的社會化，使得勞工階級與資本家終於到臨勢不兩立的地步……資本主義者所主張的私有財產喪鐘響了，剝削者成了被剝削的人。

照馬克斯的理論，階級鬥爭將使資本主義滅亡，無產階級奪取政權、控制國家後，將以「無產階級專政」為過渡，走向廢除一切階級之路，建立一個自由平等的新社會。此後，「政府將自然消失」，每個人都過著自由幸福的生活，新社會每個人都得到自由發展，「各盡所能、各取所需」。

馬克斯之後，將近一百五十年間，地球上進行著翻天覆地大對決，一邊是資本主義民主政治陣營，一邊是共產主義共產政權陣營，到一九九〇年代蘇聯解體，中國全面改革，國際上認為共產主義已經打烊了。

看似以資本主義為核心價值的民主陣營獲勝了，但二〇〇八年由美國華爾街引起的全球經濟危機，資本主義又被打成過街老鼠。已下台的前英國首相布萊爾甚至說，民主政治體制也該打烊了，找尋別的替代方案。（註八）看來，民主政治、資本主義、共產主義，都不能為「絕對多數」人民謀幸福！

只剩下社會主義中國，中國式社會主義加上改革開放搞了三十年，目前已是「全球第一大經濟體」。但按學忠這首〈資本主義〉一詩看，**「百分之一／吮吸百分之九十九的／肉和骨頭榨成的汁」**，以及大魚吃小魚，小魚吃蝦米，蝦米啃污泥。為數多少億的底層弱勢工農族群，想必日子還是不好過！

在聊完仇富，檢討過資本主義、共產主義、社會主義和民主政治後，還是鄧小平同志說的「不論白貓黑貓，會抓老鼠就是好貓」，這句話最動聽、實用，不談夢想。讓我代小平同志進一步說，「別管什麼主義，能為人民創造幸福的就是好主義。」因此，不論國家或個人，任何施政、作為，要能為人民謀幸福，聯合國的訂的「幸福指數」較廣泛。但以「個人」為考量，似較易於追求。（註九）

按這個「個人幸福」公式，是諾貝爾經濟獎得主薩孟遜，根據東方人生哲學所提出，說明如下。

$$\text{個人幸福} = \frac{\text{物質財貨}}{\text{消費慾望}}$$

（一）當慾望不變時，「幸福」和「財貨」成正比：財貨增加，幸福也隨之增加；財貨下降，幸福也隨之下降。

（二）當財貨不變時，「幸福」和「慾望」成反比：慾望下降，幸福增加；慾望上升，幸福下降。

（三）當財貨與慾望一起增加時，如果財貨增加的速度超過慾望增加速度，幸福仍然增加；如果財貨的增加速度低於慾望的增加速度，幸福就會減少。

按此公式，若要有很高的幸福感，必須要把慾望降到最低，得向老莊學習無為精神，這又違反了經濟發展之原則。我相信，一個人的欲望如果很低（如老子、莊子那麼無欲），他不會仇富，資本主義也傷不了他，但若人人如此，中國「一帶一路」、「亞投行」、航母、太空……都別搞了，也準備打烊。

所以，這幸福公式只做個人勉勵、修養之用，不能用來要求廣大的底層弱勢族群皆如此，他們必須積極拼經濟，只有向前衝，沒有後退路。他們有權要求政府制訂好制度，有權要求基本尊嚴，有權要求政府訂出好的勞工保險法，有權要求適當的退休金，有權要「公僕」要善待「主人」，有權要求保障弱者的生命財產，主權在民，人民隨時都有權講話。

而做為平民詩人的王學忠，你有權以詩筆獎善懲惡，頌揚人世間的光明面，彰顯並批判人世間的黑暗面。若神州大地多幾個像學忠這樣的作家詩人，真是中國人民有福了！

註 釋：

註一：高希均，《經濟學的世界》（上篇）（台北：天下文化出版，一九九一年元月三十一日），第八章，頁一二六。

註二：王學忠，《我知道風兒朝哪個方向吹》（詩歌卷）（北京：線裝書局，二〇一四年五月），頁二二五－二二七。

註三：關於杜甫生平、作品，我在《從魯迅文學醫人魂救國魂說起》（台北：二〇一四年五月，文史哲出版社）一書，有略為簡介。讀杜甫的作品，總會讓我想起王學忠的作品，他們詩文都在為苦難的弱勢子民，向天呼籲！我深有同感！

註四：同註二，頁九一－九三。

註五：同註一，第二章，頁一六－一九。

註六：《國富論》介說，詳見：彭歌譯，《改變歷史的書》（台北：純文學出版社，民國六十四年五月三十一日），頁四一－五八。

註七：馬克斯《資本論》和思想簡介，詳見註六書，頁一一一－一二九。

註八：布萊爾確有比言，時地待查。

註九：同註一，頁一三七。

第八章　中國人貧弱200年沉疴後遺症未痊癒：崇洋媚外

幾年前當美軍攻佔巴格達後，有一位朋友碰到我，驚訝的說：「了不起耶！老美現在統治了伊拉克耶！搞不好也會打伊朗……」他是留美的，很羨慕美國的強大。

我故意澆他冷水要他醒一醒，我告訴他說：「七百多年前，中國早已在巴格達駐軍，統治過伊拉克。」他睜大兩眼看我，以為我在說八卦、講科幻。沒辦法，他是小留學生，在美國成長讀書，又是讀理工的，只知美國史，不懂中國史，中年後美國不好混，只好回台灣。我向他略說了吾國在元代的三次西征，攻打巴格達只是第三次西征的一部份。

第三次西征的統帥是旭烈兀（拖雷第六子、蒙哥之弟），總兵力十萬。元憲宗二年（西元一二五二年）七月，先鋒怯的不花（Kitouboca）先出發，次年十月旭烈兀大軍西進，憲宗四年夏進駐土耳其斯坦，五年九月到撒馬爾干，六年元月大軍渡阿母河，是年滅木剌夷國，憲宗七年攻佔巴格達，至次年二月黑衣大食亡。

元軍西征到天方（阿拉伯），降服巴爾蘇丹、敘利亞，大敗巴爾幹半島諸國聯軍，時東羅馬帝國和西歐諸邦，紛紛派使節來朝。旭烈兀正準備攻佔埃及，東方傳訊，憲宗蒙哥大汗去逝，乃命怯的不花鎮守敘利亞，自率部份軍隊東歸，結束第三次西征，時為吾國元憲宗九年冬也。（註一）

我中華民族自古以來，從未有所謂「崇洋媚外」之事，更無「哈日、哈韓、哈美」自我矮化成侏儒之怪病。中華文化到春秋時代已相當成熟，到秦漢時典章制度已相當完備，屬「早熟型民族」，而當是時，西方才初見文明之曙色，處於曚昧之半蠻荒時期。所以，中國人自古自命「天朝」，走路抬頭挺胸，有極高的民族自信心。這種民族尊嚴，身為大國人民的自信心，維持到滿清中葉，而以鴉片戰爭慘敗，便一路慘跌，到清末竟成「次殖民地」，堂堂上國成為「殖民地的殖民地」；上國子民淪為各國之「奴才」，奴才當久了，要他當主人也很不自在，更多的人根本不知道自己是「主人」。

二〇〇八年，當吾國辦完世界奧運，學者專家都說「中華民族的自信心回來了」，也有認為「民族主義恢復了」。這確實是，中國衰敗淪落近兩百年，至少也要用百年「療傷」，五十年「養心」，滿清結束已一〇四年，我們的恢復確實有可觀的成果，才使吾人敢於做「中國夢」。只是，讀學忠的一些詩作，如〈你的主人是流浪漢〉、〈我有話要說〉、〈牡丹園〉等，還是感受到「不少人」有崇洋媚外心病。真是「皮肉傷好醫，心病難治」。

一百五十五年前遭英法聯軍焚毀的北京圓明園，按一比一比例復建，在浙江橫店重現，昨天先開業的春苑占地二千畝，是圓明新園最大的一個景區。 圖／路透

人間福報 二〇一五.五.十一

1:1復建 圓明新園重現橫店

【本報綜合報導】一百五十五年前遭英法聯軍入侵焚毀的北京圓明園，在浙江橫店「重現」。占地六千二百多畝、總投資三百億元人民幣，橫店集團按一比一比例復建北京圓明園百分之九十五建築群的「圓明新園」，昨天開園。三件珍貴的圓明園流失文物也「回」到園中。

圓明園是中國著名的皇家園林，於一八六〇年遭英法聯軍焚毀，被掠奪文物的數量，粗略統計約有一百五十萬件。這次日「回」到園中的三件文物，清乾隆銅鎏金嵌寶英雄香薰、掐絲琺瑯八吉祥抱月瓶、銅鎏金龍紋出戟方觚，來自台灣收藏家林嘉瑋的捐贈。

圓明新園整園將於明年修建完畢，昨天開業的春苑占地二千畝，是圓明新園最大的一個景區，以《圓明園四十景圖》爲藍本，有正大光明、鴻慈永祜等景點。一大早，遊客就湧進園內，在莊嚴肅穆的正大光明殿，如夢如幻的蓬島瑤台等景點中流連忘返。

今年八十一歲的橫店集團創始人徐文榮表示，這是他一生的文化夢想，「重現曾經的輝煌，讓民族牢記恥辱，感受民族的驕傲」。法國著名記者伯納．布立賽的《一八六〇：圓明園大劫難》一書，倡議重建圓明園來贖罪，也給了他很深的觸動。

中國圓明園學會副秘書長要磯閔將其稱之爲「傳播、展示中華優秀文化的窗口」。不過，圓明新園的重建也引發北京圓明園的關注，他們表示，圓明園作爲文化遺產資源，具有唯一性和不可完全複製性，如果「圓明新園」在經營過程中有侵犯圓明園知識產權的行爲，將會適時採取法律行動。

事實上，「圓明新園」是否應該建的爭論，在提出建造計畫從未停止。早在二〇〇八年，圓明園管理處就會公開對「圓明新園」的建設表示反對，並提出多項質疑。

一八四〇年後滿清開始內憂外患，太平天國動搖國本，帝國主義入侵，一路潰敗，至今中國人的自信心尚未回來。

再深入觀察兩岸中國人的「哈外」現象，例如，大陸遊客到國外搶購商品、移民潮流；而台灣人更絕，給日本殖民五十年，當五十年奴才（次等人），奴婢心態至今尚未恢復，許多人（李登輝等）至今尚在懷念主人的恩情。那位日本警佐強姦台灣下女生的孽子李登輝，這幾天（二〇一五年七月底），還講釣魚台是日本的，真是改不掉的漢奸本質。而故意忘記主人曾在台灣的大屠殺，幾年前倭國「311 天譴巨災」，台灣人捐一百多億台幣，如「義犬救人」的故事，台灣人是「義奴救主」。神啊！救救台灣人吧！讓台灣人知道自己是個「人」，是個「中國人」！

公平說兩岸，崇洋媚外的心病還很嚴重，皮肉傷好醫，心病難治。「硬體」可以很快恢復建立，「軟體」的心態更長時間才能恢復正常。咸豐十年（一八六〇年），英法聯軍焚毀吾國著名的北京圓明園，又簽下多少不平等條約。現在「一比一復建圓明新園重現橫店」（如剪報），硬體重建快，民族自信心要完全恢復，可能還要幾十年的「物質、心理建設」，始竟全功。

我的說法，我的論述，有多少可靠性？多少普遍性？讓有緣讀者自行判斷。但王學忠的詩至少也是一個「直接證據」，對我而言，他是「現場目擊者」，他的「證據」比我可靠，賞讀〈你的主人是流浪漢〉。（註二）

四川閬中不是京城

京城故宮的朱梁畫棟上
畫的是龍和鳳
闊中富戶人家養狗狗
崇尚洋品種
迷你雪納瑞
瑪爾濟斯、萬能梗
繞口的名字
不菲的身價
是財富與權勢的象徵

你，可憐的中國狗狗
在世俗的歧視中
與流浪漢主人
相依為命
小心翼翼
屈膝、卑躬
在驚恐與驚悚裡

撿拾著路邊
和垃圾桶裡的剩飯殘羹
唉，你不該在問你幸福指數時
「汪汪」叫不停
被強加「狂犬」的罪名

俗話說打狗看主面
可你主人的面子卻一點沒用
安倍的狗狗叫「阿狼」
普京的狗狗喚「阿熊」
阿狼吼起來空氣冒火星
阿熊習慣了遇事不驚
主人游泳它游泳
主人溜冰它溜冰
保鏢、保安前簇後擁
就你閬中的倆小子
見了准熊

俗話說人窮志短
你流浪漢主人那德行
被一語言中
假如，他人窮志不窮
當那民警的鋼叉
落下的剎那
一個箭步衝上去
大吼一聲
用董存瑞手托炸藥包的氣概
黃繼光胸口堵槍眼的英勇
也許便可救下你的命
阻止悲劇的發生

唉，如今這世道
都欺軟怕硬
只許洋人、洋狗

高爾夫球場玩兒休閒
天上人間耍野性
卻容不得你
在中國閬中的土地上
苟且偷生
讓我和千萬網友
憤憤不平……

詩有〈題記〉說，二〇一四年三月六日，四川閬中街頭一只中國狗狗，被兩民警用鋼叉殘忍殺害，場景目不忍睹，它的主人流浪漢在一旁呆若木雞……吾人不能苛責那位流浪漢大哥哥，他自身難保，如何保護他的狗狗？

最近我從報上看到兩則新聞，和這詩的內涵有關。一則台灣新聞，立法單位已經通過，任何家畜、家禽，均不得「公然」私殺（詳情待查）。記得以前，尤其我小時候，市場上的雞、鴨都活生生的關在籠裡，客人要那隻便抓出當眾宰殺，大家不以為意，後來慢慢被討論，說是「不文明」，對動物「不尊重」等。現在終於改善了，這一步走了五十年，連帶在其他方面也文明很多，如現在不准吃香肉（狗肉），不准虐待動物等。如果有人對野狗、野貓或其他任何動物等，有不人道、不文明的對待，被外界發現，一定馬上被K的滿頭包，可能還要法辦。

另一則和大陸相關新聞，非洲大象快要絕種了，因為牠的牙很值錢，最大的市場在中國大陸。（這新聞我聽過多次，最近又一次，詳情如何均不得而知。）如果確實是，吾國還真是罪過，必須盡快關閉這種市場，這當然是黑市。不論任何原因，中國人不應該成為大象絕種的「背後殺手」。中國人要走上文明世界的舞台中心，就要學習現代文明生活方式，才能成為現代人。

幾乎打開報紙就可以看到一些對中國遊客的負面報導，隨地小便、吐痰、破壞公物、不守秩序，乃至不文明動作，都有傷形像。我深刻理解，社會發展須要時間，四十年前台灣亦如是，現在大陸不過走在台灣以前走的路上，不表示那是可以原諒的。

學忠這首詩突顯了社會發展過程中，出現的後遺症。第一段點出富人專養西洋名犬，是財富和權勢象徵，已指涉出M型社會頂層結構群，是帶頭崇洋媚外者，住在天堂過富豪的生活。

第二段快速把場景拉到地獄，產生了強烈的落差對比，**「你，可憐的中國狗狗／在世俗的歧視中／與流浪漢主人／相依爲命／小心翼翼／屈膝、卑躬」**。詩人正面批判，中國狗受到歧視，我感覺到「中國狗」還只是「代表」。背後真正的意思，是不是中國水果、中國奶粉、中國車、中國電器、中國食物，乃至中國人，都被歧視嗎？是不是我們自己中國人在歧視中國東西？是不是中國人在「歧視中國人」？這問題很嚴重。若是普遍性很高，代表中國人的信心是下降的，距離「中國夢」是愈來愈遠的，大陸的領導階層要檢討這些問題。

第三段又回到天堂，富豪、領導養的狗，生活也像「富豪狗」。第四段民警殺流浪狗，而主人（流浪漢）無力亦不敢出手救狗，詩人並未責備那流浪漢，但詩外之意批判了弱肉強食的悲劇。這樣可以引出人們天生的同情心裡，爭取更多的共鳴，有利於政府訂出更文明的法律，培養人和動物共生，尊重的德性，成為有人情人道的社會。

末段再回到問題的核心，強烈批判**「只許洋人、洋狗／高爾夫球場玩兒休閒／天上人間要野性／卻容不得你／在中國閬中的土地上／苟且偷生」**。這是強烈的指控，痛心的呼籲！只許洋人洋狗玩樂，容不下一隻自己的狗——一隻在中國大地的流浪的狗——活下去。崇洋媚外到了極點，甚為病態！四川還是我的故鄉，不知「閬中」在那裡？事件後是否有改善？

另一首〈我有話要說〉，引自足協請洋教練的問題，台灣也常發生，每次都爆發頭條新聞，兩岸兄弟真是一個樣。學忠在〈詩題〉提示說，二〇一三年六月二十四日，中國足協宣佈：解除西班牙籍教練卡馬喬與其簽訂的執教合同。原因是卡馬喬在執教22個月的時間裡，比賽20場，7勝2平11負，尤其六月廿三日一比五慘敗泰國隊……賞讀這首詩。（註三）

體育場上競技有許多
足球是上百種項目中的一個
其教練數以萬計
卡馬喬下課
按說不算什麼
1:5輸給泰國隊
即使大伙想不通
也不該發火
輸贏乃賽場常事
何況原本體育
就是為了強健體格
只是那三千萬的年薪
下課了還要再支付五千萬違約金
讓我和國人迷惘、困惑
禁不住有話要說

問主辦此事的老爺

可知咱國家現在並不富裕
用錢的地方還很多
貧困縣鄉成千上萬
有的至今沒有足球場
那裡的孩子
甚至沒見過足球啥樣
常常把方圓說錯
可你們卻把大把的銀子往外扔
弄來個洋人做掌門
為的只是幾聲巴掌響
一小部分人尋歡取樂
你們可知
八千萬買多少足球
每個孩子分一個
能快活多少稚嫩的心靈
強健多少貧窮的骨骼

卡馬喬下課
我想了許多
我的兄弟姊妹也想了許多
其實，無論足球、籃球
騎馬、跳水、賽車
都是為了強健身體
把東亞病夫的帽子摘掉
中國要站起
富民強國不再任人宰割
不再佝僂著身子
在八國聯軍
東洋大砲的炮口下唯唯諾諾

由卡馬喬下課
我還想到
那些抱在貴婦懷裡的洋狗
大街上狂飆洋車

讀這首詩，我和王學忠一樣迷惘、困惑，媒體常報導中國現在有錢了，在全世界到處「援助」、投資，動則幾十幾百億，老外也知道中國有錢，紛紛大舉到中國用盡一切辦法搞錢，中國官員總是「大方」給人。好像是，中國衰弱時，洋人到中國公然搶錢；中國強盛時，洋人到中國搞錢（合法、非法）。反正，中國不論死活貧病，領導階層都有的是錢，幾億人口，抽稅加稅就是，苦了中國老百姓了。本文前述提到一八四○年中英鴉片戰爭，次年雙方訂「穿鼻合約」，有三個要點：（一）香港及週邊島嶼割讓英國。（二）賠款英政府損失六百萬元。（三）廣州通商，英商得至黃埔以上貿易。

不久，英人覺得獲利太少，一八四一年二月（穿鼻約才訂一個月）又派艦隊打來。攻打虎門、廣州、廈門、舟山、鎮海、寧波、吳淞、上海、鎮江。滿清無能請和，道光廿二年七月，中英簽江寧條約（也叫南京條約），要點有四：（一）開廣州等五口通商，香港割給英國。（二）賠償鴉片損失六百萬銀元，賠英商三百萬銀元。（三）賠軍費一千二百萬銀元。（四）以後鴉片運售公開行之。

我為什麼要回顧這些中國人的傷心史？滿清簽了數不清的喪權失利條約。學忠詩提到八國聯軍，本來只賠八個交戰國（英、美、法、俄、德、日、奧、義），結果挪威、瑞典、葡萄牙、西班牙、荷蘭、比利時，聽說中國有錢可拿，紛紛找理由來要，清政府也大方給了。所以，「辛丑和約」拿錢的有十四國，反正中國不論貧富強衰，世界各國都把中國當「提款機」。

小小一個洋人足球教練，使一點小小手段，就從「中國提款機」取走八千萬人民幣（幾億台幣？），這簡直是滿清時代不平等條約的現代版，而這只是冰山的小角落。在整個中國的各行各業，還有成千上萬類似的「不平等條約」，還有多少錢等著讓洋人來「提」？我還聽到一種不敢相信的說法，「內神通外鬼」後，洋人拿到錢，就和貪官平分，但願沒這回事！

〈我有話要說〉一詩最後，詩人拋出一個中國人的「老問題」，**「那些抱在貴婦懷裡的洋狗／大街上狂飆的洋車……」**，說穿了，還是中國人貧弱二百年沉疴後遺症尚未痊癒，崇洋媚外的「心癌」所致。而這種「心癌」台灣可能更嚴重，許多台灣人用家電、食品，非日本貨不用，真是病入膏肓，無藥可救！只有籲天！

我還聽到一種更糟的說法，謂日本人根本吃定了中國人會用日本貨，反日只是一時的，愛用日貨則是永久不改的。中國人真的是賤骨頭嗎？我們要反省。

王學忠的作品為何是一種「籲天詩錄」？因為他看到社會底層一群苦難人，他無力解救，他只好用他的詩筆，發出呼籲，希望有好心的領導看見弱勢者的困難，但希望不大，只好向天呼籲！四十年前，我深受感動的一本書，美國史杜伊夫人（Harriet Beecher Stowe, 1811~1896）著，《黑奴籲天錄》，這本書對南北戰爭產生「點火」功能，導至解放黑奴。（註四）我常在想，黑人已解放數百年了，美國搞民主是搞假的嗎？為何白人至今歧視黑人？白人固然不對；黑人本身也要自省，你們有很多同胞的「奴性」確實還在，我看還嚴重得很！

中國人在滿清中葉到民初，確實當了一百多年的奴才，根本不知道自己是誰？崇洋媚外成為一種「光榮」，能留洋、用洋貨是光宗耀祖的事。這種「心癌」有如黑奴，依我看，要治好這種心病，是二〇五〇年以後的事，王學忠還要再努力！

註　釋：

註一：關於元軍三次西征經過，可詳見拙著，《中國歷代戰爭新詮》（台北：時英出版社，二〇〇六年七月），第五篇，〈世界大帝國興亡史：元朝與蒙古帝國〉，頁二一二—二五三。

註二：王學忠，《我知道風兒朝哪個方向吹》（詩歌卷）（北京：線裝書局，二〇一四年五月），頁一一一—一一三。

註三：同註二，頁一七〇—一七二。

註四：《黑奴籲天錄》介紹，彭歌譯，《改變歷史的書》（台北：純文學出版社，民國六十四年五月三十一日），頁九一—一一〇。

第九章　改革開放的困局和反腐反貪

有大權有大勢的人要判他罪比登天難（見下剪報）

我不是一個理想主義者，不會期待這世界完全沒有罪惡，也不會合理化罪惡的存在；反之，認為要永遠帶著批判性的筆力，對這世間的罪惡，進行永不休止的批判。我，為批判黑暗和一切罪惡而存在。

批判黑暗與罪惡是我的天命，只要我活著，腦子清醒，不

韓航堅果風波 趙顯娥當庭獲釋

二〇一五.五.二十三.人间福報

【本報綜合外電報導】大韓航空「堅果門」事件女主角趙顯娥（圖／路透）上訴成功，當庭獲釋，結束她一百四十三天遭拘留的生活。

南韓最高法院周五裁定，針對趙顯娥妨礙飛行安全的指控，法院認為她的行為並未導致飛機航道改變，因而改判她監禁十個月，緩刑兩年。在一審中，趙顯娥被判處一年有期徒刑。

四十歲的趙顯娥曾任大韓航空副社長，負責監管機艙內服務。去年十二月五日，她搭乘從紐約飛往仁川的班機時，因不滿空服員未將堅果以盤子盛起送到她面前，頓時大發雷霆大鬧機艙。

過程中，趙顯娥對空中服務員和乘務長，爆粗和施暴。當時飛機已經駛向跑道但還未起飛，她下令機長將飛機重新開回登機口，並趕乘務長下飛機。

一審中，法庭認為「飛行中」的定義是從飛機開始移動算起，因此趙顯娥擅自改變飛行航道，其行為已違反飛行安全法。不過，高院推翻了這項裁決，指趙顯娥下令飛機返回登機門的行為，並不構成飛機航道改變。

高院法官金相桓（譯音）表示，因趙顯娥的行為引起飛安威脅的「可能性不大」，而且她也並非蓄意妨礙飛行安全。

他說，考慮到趙顯娥還有一對兩歲的雙胞胎孩子，而且沒有犯罪紀錄，因而作出這項判決。「她知道自己餘生都要在這事件的陰影中度過。」

許多民眾認為，趙顯娥的行為反映了這些驕縱和被寵壞的富二代。十九歲學生金露麗說：「如果她是因為表現懺悔而獲釋，那麼其他的罪犯也應該一視同仁。我認為法院對她太過寬容，我討厭人們欺壓比他們低階級的人。」

扁不法2億 瑞士判歸台灣

一〇五.四.三十.人間福報

【本報台北訊】特偵組昨天指出，前總統陳水扁二次金改案匯到瑞士不法所得，瑞士最高法院日前判決六百七十四餘萬美元（約新台幣兩億元）應返還台灣。特偵組表示，這筆款項將盡速匯回指定帳戶。

特偵組指出，偵辦扁案期間，民國九十七年九月二十二日、十二月五日二次向瑞士司法機關提出司法互助請求，經瑞士司法當局協助凍結陳水扁兒子陳致中、媳婦黃睿靚所掌控設於瑞士美林銀行Bouchon帳戶、蘇格蘭皇家庫茲銀行之Galahad Management帳戶下資產，以及設於瑞士威格林銀行的Avallo、Bravo帳戶下資產。

其中，Bouchon、Galahad兩帳涉及龍潭案、南港案、國務機要費案及相關洗錢案的不法所得，合計約兩千兩百六十一萬四千八百五十美元（以一〇三年十一月六日匯率估算，約計新台幣六億八千九百八十六萬五千九百九十三元，即外界所稱「海角七億」）。

一〇二年九月五日特偵組正式報請法務部，向瑞士司法部提出司法互助請求，請求瑞士司法部協助將已凍結Avallo及Bravo帳戶內資產變現，並匯回最高檢帳戶。特偵組承辦檢察官還分別於一〇二年十月間、一〇三年十二月間兩度親赴瑞士，與瑞士聯邦檢察官及瑞士司法部溝通討論司法互助事宜。

瑞士聯邦檢察署檢察官於一〇三年四月一日決定，命令將Avallo及Bravo帳戶內的六百七十四萬六千八百四十美元資產（約新台幣兩億元），匯回台灣。但陳致中向瑞士聯邦刑事法院提出異議，瑞士聯邦法院今年一月間駁回異議；陳致中上訴到瑞士最高法院。

特偵組指出，前天接獲瑞士聯邦檢察官通知，瑞士最高法院駁回陳致中上訴確定，請求匯回的資產將盡速匯至特偵組指定帳戶，帳戶內其餘資產仍將持續凍結，等待台灣進一步請求。特偵組表示，將持續與瑞士聯邦檢察官連繫後續有關資產變價匯回程序。

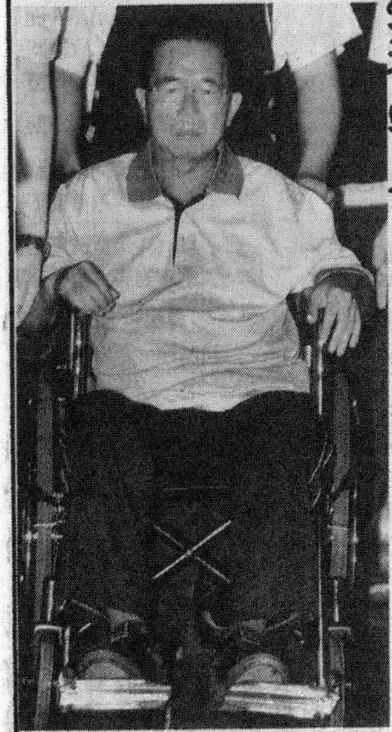

瑞士最高法院裁定，扁家存於瑞士威格林銀行中的兩億，應返還台灣。

圖／資料照片

扁洗錢案 北院裁定「因病」停審

中國時報 2015.5.14.

王己由／台北報導

前總統陳水扁被訴收賄洗錢案，台北地院審理後，合議庭根據高雄長庚醫院等3份診斷證明、醫療鑑定，認定扁有生命或健康上難以預測的風險，且已因疾病在法律上屬監護宣告狀態，沒有能力到法庭接受審問，符合刑事訴訟法因疾病不能到庭的停審事由，昨日裁定阿扁在能到庭以前停止審判。

阿扁在北院、高院審理中的案件，目前都已裁定停審，依刑訴法規定，停審沒有期限，未來除非他能到庭接受審判，停審裁定才會撤銷、繼續審判，否則所涉侵占國家機密、洗錢和貪汙等案件會一直停審下去。

扁是因收受前台北101董事長陳敏薰千萬元賄款，存入妻子吳淑珍胞兄吳景茂帳戶，高院認定扁與珍共同洗錢向北檢告發，檢方在扁今年1月獲准保外就醫後，將他起訴。

全案移送北院審理後，扁都未到庭，但透過律師聲請停審。合議庭評[illegible]根據[illegible]年2月[illegible]日高雄[illegible][illegible]12月9日的台中榮[illegible]兩份診[illegible]證明，及扁另涉侵占國家機密案停審的醫療鑑定報告，認定扁已因疾病，影響他言語、認知、理解能力，在法律上屬監護宣告狀態，無法為有效的訴訟行為，已無能力接受法庭審問，且有生命或健康上難以預測的風險，裁定扁能到庭以前停止審判。本案不能抗告，已確定。

會放棄老天給我這份「天職」。我這信念，愈來愈像「台灣王學忠」了，也好！向學忠學習，增加一些功力，也更堅定信念！

同樣是罪惡，但罪惡有大小。例如，流浪漢偷竊、搶盜也是罪惡，他因無權無勢，所以只能幹點小罪惡。若人的權錢勢力大一些，犯的罪惡也會大一點，如剪報資料〈韓航堅果風波、趙顯娥當庭獲釋〉，這位趙顯娥是權勢很大的富二代，驕縱且目中無人又無法無天。若人的權錢來頭都很大，各國當過總統、總理、部長、大資本家的，他們搞出來的罪惡，都是天大的罪惡。因此，我得出一個公式，「人所能犯的罪惡之大小，與其權勢成正比。」

有極大權錢威勢的人犯了極大的罪惡，要用法律判他罪是很困難的。這裡面因素極為複雜，有政治算計、有黑市交易，檢調司法每個環節都可能「被收買」，就算不被收買，有那個執法者自以為「依法辦」是天職，但犯罪者勢力太大，辦了他對自己不利，也只好當「好人」了。世界上這種例子太多了，書之不盡，所以很多「大案」都辦不下去，不了了之！

當了八年領導的陳水扁，他和整個家族貪污、洗至少幾十億，瑞士銀行就有七億（已依法追回二億）（見剪報），至今扁家都不承認有罪。辦了幾年，還是辦不下去了，法院已裁定扁洗錢案，因「病」停審，不能抗告，也就是不辦了，天大的貪污案不辦了，台灣的法官大概只能辦些小偷竊盜案等。

我只能勸小老百姓看開些，不要拿自己身體當「自殺炸彈」，這等事古今如是。莊子在〈胠篋〉說：「彼竊鉤者誅，竊國者為諸侯；諸侯之門，而仁義存焉。」即說，你若偷點破銅爛鐵，就捉去砍頭；若竊取國家便當領導。小盜被殺，大盜封侯，這世界真是很倒懸的！

話雖說的很悲觀，但這幾年大陸高舉「反貪反腐」大旗，全世界也看到了，我抱以謹慎樂觀的期待。只是大陸一般百姓對政府打貪腐是否「有感」？這更重要，如果政府做了很多「好事」，而人民「無感」，這表示政府有很多「環節」出了嚴重問題，這會形成政權危機。台灣的馬英九就是因人民的「無感」，氾濫成災導至大潰敗。

現在中國人最大的期待

我因極少到大陸，人民對政府的打貪打腐到底是否「有感」？尤其要理解全大陸各地區「普遍性」的感覺（民意）如何？其實很困難的。大陸太大、太複雜，西方人搞了二百年，還未必能理解多深。但王學忠這首〈反腐〉我當成窺豹一斑，這一扇窗看到什麼？（註一）

反腐，就是排毒

排掉五臟六腑的毒素
身體健健康康
好背上行囊
繼續登山、爬坡、趕路……

流水不腐
戶樞不蠹
眼裡進了沙子
必須迅速清除
眼睛明亮了
心就明亮了
無論白天黑夜
都不會迷途

社會主義的路
是一條光明的大路
寬闊、平坦

千百萬烈士的血肉鋪築
工農群眾走在上邊
唱著勞動的歌兒
載歌載舞
英特耐雄納爾不是夢
像紅日噴薄欲出

反腐，就是排毒
清除掉頭腦裡的謬誤
共產黨人不是官老爺
視金錢如糞土
不論職位高低
都是人民公僕
勤懇、誠篤
所做的一切
都是為人民服務

反腐，就是動手術
醫生給病人動手術
白刀子進
紅刀子出
把毒瘤一個個摘除
不含糊、不馬虎
除惡不盡
還會伺機反撲

腐敗分子是碩鼠
逃到哪兒都沒藏身處
給紐約、倫敦的
帶上銬子
悉尼、渥太華的
穿上囚服
讓所有的碩鼠伏法
哀嘆

早知今日何必當初

反腐、反腐
要大張旗鼓
反全融的腐
教育的腐
司法的腐
一切阻礙社會主義建設
和發展的腐
既拍蒼蠅又打老虎……

看到「反腐」二字，立即叫我想起台灣不久前的「反貪倒扁運動」，百萬「紅衫軍」走上街頭，眾人扛著大大的一個「恥」字遊行，這代表統治者已經「無恥」到了極點，人民要他「知恥」。觀察社會現象（不論政治性或其他），往往可以知道一些真相，當你看到大街小巷到處掛著「禮義廉恥」？表示這個社會已經沒有禮義廉恥了。當你看到很多團體大聲疾呼「孝順父母」時，表示孝道在這個社會已蕩然不存了！大陸每個地方掛滿「為人民服務」標語，實際上早已不為人民服務，而是騎在人民頭上的老虎，所有高掛「為人民服務」的公部門，幾乎盡是猛虎和貪狼，這樣的政府是不該存在的。更多的是「毒瘤」或「肥貓」，所以朝野才積極要「反腐」。

反腐，是已經腐了、壞了，才要反腐；若無「腐」要反什麼？無從反起。從詩題看，吾人便知，大陸的公務員系統和整個社會，已存在嚴重的腐化問題，若不好好徹底的反下去，再惡化下去就來不及了。

從這首詩，我也看到人民所期待都是「應然」問題。世間所有呈現一切人為活動，都存在兩個層次的解讀，一者是「應然」問題，即應該如何等！如「子女應該孝順父母」、「人應明禮義知廉恥」、「夫妻要忠於對方不應有婚外情」等，乃至「公務員是人民的公僕、公務員為人民服務而存在」說法，都屬「應然論述」。

第二個層次解讀是「實然」問題，即實際上的真實情況。應該孝順父母，但是……；人應明禮義知廉恥，但因……；夫妻要忠誠，但因……；公務員應為人民公僕，但因……；不能貪污，但因……所以，寫碩博士論文，有所謂「應然」研究，屬哲學上的規範研究。有所謂「實然」研究，屬社會科學中的經驗研究。

陸公僕工作不力 罰登報檢討

【本報綜合報導】中共河南省濮陽市委宣傳部公布，當地七名幹部因爲所負責的工作推動不力，近日被罰在報紙公開向全市人民提出檢討報告。

新華社報導，在今年第一季針對項目建設的暗訪中，中共濮陽市委和市政府發現，部分責任單位「工作不積極、不主動、不負責」；部分單位負責人「抓項目的意識淡、能力弱，項目建設進展不快，質量（品質）不高，未能按規定的時間節點完工」，對濮陽的經濟社會發展和市民生活帶來較大影響。在此背景下，當地七名處級幹部被責令登報檢討。

報導舉其中署名「市政園林管理局局長杜躍武」檢討報告爲例，〈關於城區河道截汙治汙推進緩慢的檢查〉寫說：「今年以來，項目進展緩慢，我們的主要責任在於：一是對項目建設重視不夠，抓得不緊，工作做得不實，導致工作推進中的相關問題未得到及時解決；二是與有關部門溝通、協調不夠主動，工作銜接不緊；三是對工作推進統籌考慮不夠。

人间福報 2015.5.25.

這首詩的前四段，是詩人代表人民說出心中「應然」的期待。**「社會主義的路／是一條光明的大路……唱著勞動的歌兒／載歌載舞」**都是應然期待，理想狀態下皆應如是；**「共產黨人不是官老爺／視金錢如糞土」**，這個期待不合「應然」規範，因為在正常、合理狀況下，無人可以「視金錢如糞土」！

末三段是針對一個已經腐敗的公務員體系，乃至整個已經惡化的社會，人民期待要像群醫治重症病人一樣，**「把毒瘤一個個摘除／不含糊、不馬虎／除惡不盡／還會伺機反撲」**。可以見得，人民望治多麼急切！第六段不管腐敗分子逃到天涯海角，也要抓回來。不久前我聽到一則新聞，大陸經由各國法律引渡，要抓回數百貪官奸商，不僅法辦也追回黑錢，若能辦到，則民心大悅，伸張公理正義，最能滿足人民的期待，人民就是支持這樣的政府。自古以來，人民就是期待政府既拍蒼蠅又打老虎。

懲治貪官奸商，光是嚴刑峻法還不足，還要諸多制度配合。吾國歷史最痛恨貪官污吏、用刑最重，大概就是明太祖，他起自民間，知民間疾苦。懲治貪污條例最嚴。凡守令貪污者，許百姓晉京控訴。贓至六十兩以上者梟首示眾，並剝皮實草。府州縣衛之旁都建造一座土地廟，廟前有一塊空地，為剝皮場所，人稱之為皮場廟。官座公座之旁，懸掛一剝皮實草之袋，令人觸目驚心。這不僅是為了懲戒，更期待產生「恐怖」心裡，讓人不敢貪污。

「貪污必死」，還有官吏敢貪污嗎？明代的貪污案也還數之不盡。光是明太祖任內兩大貪污案，不知處死多少人？明洪武十五年的「空印案」，長吏處死數百人，充軍數百人。洪武十八年「郭桓案」，戶部侍郎郭桓盜官糧，勾結禮部尚書趙瑁，刑部尚書王惠迪，與工部侍郎麥至德等共同作弊，皆處死刑。據《刑法志》載，當時株連直省官吏，繫死獄中者達數萬人，因勒覈贓物而致抄家破產者更難數計。（註二）

吾國老祖說過一句話：「虧本生意沒人做，殺頭生意有人做。」也表示重刑不足以懲治貪污。但地球上確實有些國家「清廉度」很高，他們怎麼做到的？重刑之外還有許多配套措施，才是強而有力又有效的反貪腐。看看學忠另一首〈反腐風暴怒卷〉力道如何？（註三）

反腐風暴怒卷
從京城到北國江南
刮得很猛烈、很罕見
橫掃千軍如卷席
老虎、蒼蠅倒下一片
陰霾的天空
剎那，陽光燦爛

萬眾盡開顏
把權力關進籠子裡
再插上門閂
築起一道道
制度的銅牆鐵壁
讓貪婪的欲望
望牆興嘆

回望那些年
貪腐潮波湧浪翻
一切向錢看
大官大貪
小官小督
百萬、千萬、億億萬
貪贓枉法肆無忌憚

軍中虎、校園虎

虎虎舌頭伸在嘴邊外
虎在鐵道部、發改委
虎在各級黨政機關
虎在北京、上海
虎在昆明、成都、太原
老虎的腳印
踏遍萬山千水

「將軍府」、「周公館」
旗幟獵獵迎風展
敢與皇宮比奢侈
「改開」中國敢冒尖
一群精英吹刺叭
不爭論、不折騰
不貪白不貪
個個鉢滿盆滿

三十六計走為上
普世社會最安全
你往德意志
我去美利堅
大吼一聲哪裡逃
不論老虎、蒼蠅
統統一條繩兒拴

唉，甲申三百年的教訓
撕肺裂肝
崇禎上吊時眼裡的淚水
讓人心酸
有腐必懲、有貪必肅
是為了咱社會主義江山
人民的江山
千百萬烈士鮮血浸染的旗幟
永遠紅艷艷……

按照我對歷史初淺的理解（不論中外），任何政權的結束，一個朝代國家的崩潰，多少和貪污腐敗、貧富差距過大等因素有關。不光是這首詩講到的崇禎帝上吊自殺，為明朝畫下如一滴血淚般的句點，其他朝代的結束，近代世界史的三大革命運動（法國大革命、中國辛亥革命、俄國一九一七革命），都是前代腐敗才有的機會。若前朝不腐敗惰落，革命的種子永無壯大的機會，試想，一個政權乾淨有為，人民過著「幸福美滿的生活」，有那個人願意去搞革命造反！

貪污腐敗導至亡政亡國亡黨者，有時是主因，有時是助因，滅亡是一個「果」，但「因」有很夕，且因上有因、如崇禎甲申年死事（崇禎十七年、清順治元年、一六四四年），但在此之前的五十多年，明朝已因內憂外患而民窮財盡，國家如一條「死狗」般拖了五十年。所以，明朝滅亡的「因」，是從有「中國六大政治家」美譽的張居正死後（餘五者是：管仲、商鞅、孔明、李衛公、王安石），種下滅亡之因。

張居政死後，明代最後四個皇帝是神宗、光宗、熹宗和思宗。神宗是昏君，朝野貪污腐敗乃必然；光宗只好女色，即位才一月而亡；熹宗在位七年有魏忠賢亂政，最後的思宗崇禎帝在位十七年，換了五十多位宰相，可見政局之亂。（註四）神宗時碰到三大戰役（緬甸、朝鮮、滿州）加上魏忠賢，這「四大害」使國家成為「安寧病房的病人」，流寇則是「壓垮駱駝的最後一根稻草」。

上述三大戰役中的朝鮮，指的是「中日朝鮮七年之戰」，但至今四百多年了，日本人並未結束這場戰爭，而是正在持續著，隨時準備完成發動這場戰爭所代表的「大和民族天命」。

時當十六世紀，倭人野心家織田信長，豐臣秀吉，為他的子民創造一個神話中的天命。謂「假道朝鮮征服中國，統一日中期，再統一東亞，建立大日本帝國，是大和民族生生世世之天命。」（註五）倭國為完成這個天命，已發動過三次大型侵華戰爭，第一次朝鮮七年之戰慘敗，也使吾國明代政權破產，第二次甲午之戰，第三次民國八年之戰，不消滅中國，倭人是絕不罷手的。

滅中國必先取朝鮮和台灣，此乃戰略之必須。所以，日本是全亞洲、中國的「終極禍害」，大和民族因有武士的天生侵略性，永不悔誤，是一個「不該存在的物種」，我在多本書論述這個看法，這種邪惡物種一定要用方法「處理」掉。我在《日本問題的終極處理：廿一世紀中國人的天命與扶桑省建設要綱》一書（台北：文史哲出版社）。主張用五顆現代核武，在一夜之間，以迅雷不及掩耳之勢滅倭，收該列島為「中國扶桑省」，從此，中國、亞洲，永久和平。（註六）這是廿一世紀中國人的天命，完成時機大約在二〇四〇年前，戰機不可失，待倭人先發動「第四次侵華戰爭」，中國人又是一場災難！

我以這個「中國人的天命」，呼籲所有的中國人、所有住在地球上的炎黃子孫，起來完成這個天命，這代未完下代持續，直到完成。地球上最多人口的現代大國，鬥不過小日本鬼子，我們乾脆全部跳下太平洋，活著是一種恥辱！

國際觀察台

東亞篇

中日軍事對立 從東海延伸南海

人間福報 2015.5.27.

中國大陸在南海增建人工環礁，建立大規模港灣，美國派軍機監視，並揚言將無視大陸所主張的十二海里領海與領空，讓南海地區成了新的衝突火種。

就在這個當兒，美國與澳洲的軍事演習，即將在澳洲附近海域展開，遠在東海的日本也會派遣自衛隊與會。

這項名爲「護劍」的軍事演習，原本是美澳兩年一度的例行軍事活動，今年排定於七月舉行，美國與澳洲都將派遣三萬名軍事人員與會，日本也第一次參加，派遣四十名自衛隊員與會。

由於正是南海局勢緊張的敏感時刻，形成新的美澳日三國腳步一致對抗中國大陸構圖。

南海地區的緊張，主要是中國大陸在南沙群島填海造出七座人造島。專家分析說，中國大陸完成造島工程後，將會建造一座簡易機場，可能會在南沙群島實施海空交通管制，這個海域是國際間的重要航道。

美國政府首先對中國大陸此動向表示異議。美國首先派遣了海軍偵察機，於二十日飛臨人造島礁上空，進行了偵測攝影。

中國方面對美軍機的飛臨島礁上空表示抗議。中國大陸警告說，美國的軍機已經接近了中國「軍事警戒空域」，要美軍機立即退出。

美國反駁說，「美國軍機是在中國領空外飛行，適用於國際法」，雙方無線電往來的紀錄也被公開，可以看出南海上空上的緊張氣氛。

日本方面預估，中國大陸繼宣布東海防空識別區之後，也有可能在南海如法炮製，積極在南海造島，企圖把領海與領空延伸到南沙，也宣布南海防空識別區，將對國際自由航行權益帶來巨大衝擊。

爲防堵中國大陸在南海的軍事擴張，日本今年以來就積極與澳洲進行軍事合作談判，最受注目的則是日本將把自衛隊的「蒼龍」級潛水艦技術，轉移給澳洲。

更重要的是，美日最近修改了「美日防衛合作指針」，把過去被日本憲法禁止的「集體防衛權」入列，讓日本可以「尋求與新合作夥伴進行防衛裝備與技術的合作機會」。

這意味著不僅是美日兩國之間，日本也可以與第三國合作，未來的自衛隊不僅會與美軍展開作戰任務，也將與澳洲加深聯繫，移轉潛艦技術只是一個新的起點。

當然不僅是澳洲，日相安倍與來訪的馬來西亞總理納吉，雙方同意爲簽署有關防衛裝備品和相關技術轉移協定，將進行會商。

雙方還發表了「聯合聲明」，表示將把兩國關係提升爲「戰略夥伴關係」。在東盟國家中，馬來西亞是第一個與日本啓動該類談判的國家，此舉意在著眼於南海局勢，加強日馬兩國在安全保障領域的合作。

南海緊張局勢日益升高，日本也積極「參一咖」，中日的軍事對立從東海的釣魚台延伸到了南海。

陳世昌（台北市／資深媒體人）

從這首詩講到明亡，講到核武消滅倭國，均未離本題。若大陸反腐不力或無成，使整個社會再腐化惡化下去，就等著日本發動第四次侵華戰爭，最近美日已聯手在我們後院（南海）示威了！

回到〈反腐風暴怒卷〉一詩，第一、二段是一股強大的「反腐運動」，可見當局反腐的決心，如詩的〈題記〉，中紀委書記王岐山把有腐必懲、有貪必肅，使各級幹部不想腐、不能腐、不敢腐，作為今後工作目標，**「築起一道道／制度的銅牆鐵壁／讓貪婪的欲望／望牆興嘆」**，若能落實有效，還真是讓人興奮的事！

詩的三、四、五、六段，是回顧那些年，大官大貪，小官小貪，整個國家從上到下到處是食人虎，如今不論老虎蒼蠅，一律抓來法辦，大快民心啊！最後再以甲申年悲慘故事警告國人，有腐必懲，有貪必肅，才能永保江山，永保中國人的江山，是人民最大的期待。

大陸何時才有《陽光法案》？

我對大陸的反腐反貪有高度期待，但也有高度「顧慮」，顧慮個啥？我總覺得大陸搞反腐，就像搞「政治運動」，掀起一陣比天高的大浪，不久結束了，一切又回原狀，這很悲哀。吾人觀察「清廉度」很高的國家（如新加坡），反腐沒有什麼高潮低潮，完全按現有的法令規章走，該如何便如何！這是他們對防止貪污的各項法令規章，包含行政配套等，已很完備，大陸這方面的法律典章尚欠缺很多，觀念也還很落後。

反腐反貪各項法律中，《陽光法案》是重要一環。但學忠在〈晒晒你們的財富〉一詩〈題記〉說，二〇一四年三月十四日，騰訊網轉發一則快訊：官員財產公示議案，被人大代表以百分之九十九點九的比分否決。公務員財產公告，台灣叫《陽光法案》，已立法多年，先進國家多如是辦理。大陸要反腐，但不建立陽光、透明的制度，反腐像搞政治運動，我確實有些樂觀不起來。我和學忠一樣，如他的詩〈晒晒你們的財富〉。（註七）

晒晒你們的財富
讓水不再渾濁
魚目不再混珠
權力走出神秘、隱秘
金屋、黑屋
在陽光下運行
人妖、黑白
清清楚楚……

是妖就鎖進囚籠
刺上邪惡的標記
成過街老鼠
共產黨人

非富豪的代表
要像焦裕祿
做全心全意
為人民服務的公僕
不口是心非
手捧馬列的書
腳走資本主義的路

晒晒你們的財富
把害群之馬
清理出我們的隊伍
官做得再大
人民永遠是父母
忠孝、忠貞、忠誠
牢記肺腑

人民給予的權力

是責任
不是搖錢樹
共產黨人
任何時候
都不財大氣粗
先天下之憂而憂
後天下之樂而樂
讓一夜爆富的神話
在中國嘎然而至
劃上休止符

晒晒你們的財富
是心的袒露
不做虧心事
不怕鬼叫門
心踏實了、不累了
便會提升幸福指數

呼打呼打睡大覺
不驚懼、不抽搐

讓錢袋子裡的
每一錠銀子
只淌大幹社會主義的汗珠
切莫沾污
官做得再大
皆是人民公僕
殫心積慮每一天
都在為人民服務……

陽光法案是杜絕貪污的萬靈丹嗎?絕非，世上並無任何有效的辦法，可以使貪官污吏奸商「絕種」。明太祖朱元璋懲治貪污何等嚴厲!台灣在戒嚴時期有所謂《懲治貪污條例》結果都仍是大官大貪，小官小貪。

按照政治發展理論，貧窮國家貪污腐化嚴重，先進富國污腐化少。窮人和富人的腐化不同，窮人的腐化是用政治權換取金錢，富人的腐化是用金錢收購政治權。在非洲，腐化被形容為「掌握政治權力者與控制財富者之間的一座橋，使在非洲國民政府成立初期本來相距甚遠的兩個階級，可以彼此交會。」（註八）放眼看看這「五濁世界」（佛言），似乎腐化就是掌握政治權力者和控制財富者的「橋」，就是英美先進國家也不過程度不同而已，這又叫人有些悲觀。

國際足總震盪 7高官收賄被捕
被控利用世界杯承辦權敲詐、洗錢 涉貪金額高達46.2億 犯案時間長達20年 瑞士當局連夜突襲
人間福報 2015.5.28
FIFA

國際足總副主席韋柏（上排右二）等多名高層幹部涉嫌收賄，二十七日在瑞士蘇黎世被捕。圖／法新社

正當我在書寫本文，國際足球總部（FIFA，在瑞士蘇黎世），爆發多位高官收賄醜聞，犯案時間長達二十年，貪污金額高達一點五億美元（約四十六億台幣）。（見剪報）害我不知如何為本文下結語！先進國皆如是，我何忍苛責吾國！

吾深思之，就算全世界都在貪污腐化，即是人家的事，我們要顧好自家事。希望大陸盡快建立防貪腐的典章制度，尤其讓公務員系統陽光化，有助於防止貪腐。〈晒晒你們的財富〉，**「讓水不再渾濁／魚目不再混珠」**，這樣的詩語言用的即美又傳神；第二、四、六段再度提到共產黨人應有的形像，並質疑國家發展方向，到底走什麼路子？馬列還要不要？到底姓資或姓社？詩人還是很在意的！

如果真走馬列路線，而且推行徹底的共產主義社會，理論上所有的人都沒有任何「私產」，所有的人都「各盡所能、各取所需」。這種情境有點像佛教的「西方極樂世界」，不存在「貪污腐化」這種事，共產主義社會亦如是，上個世紀夯翻天的「共產陣營」，所行皆非真共產主義，而是血淋淋的權力鬥爭和奪權遊戲，別無其他。

無論如何！詩人是當代「中國平民詩人」，為全中國所有平民代言，寄語兩岸公務員，不論搞社會主義、三民主義或其他，每一錠銀子，切莫沾污。**「官做得再大／皆是人民公僕／殫心積慮每一天／都在為人民服務……」**。我也寄語吾國人大代表們，〈官員財產公示議案〉，應儘早使其通過！

結語，〈是的，火不會熄滅〉

儘管全世界到處是貪污腐敗，不論窮國富國，不論已開發或開發中，也都有貪污腐敗現象。這些現象，到底是少數的「個案」！或已經成為社會上「普遍性現象」？就由各國各地區的人民，你們自己去定義、自行去詮釋和感受吧！你們能忍受便忍受。但是，記住！當你們無法忍受時，就揭竿而起，把「僕人」換掉，人民是主人，換僕人是你們的「天賦人權」！本來就可以。

古今中外所有的政權、所有的王朝、所有的暴君，最後都因人民的覺醒，起來推翻腐敗政權。是故，自古以來，革命就是人民的權力（利），主人不能放棄這個神聖大權。

針對那些「表現很差的僕人」（貪污腐化），人民在考量換或不換？定有很多掙扎，乃至很多動盪不安要忍受。正邪自古以來是永恆的對決，光明與黑暗是永恆的對戰，懲治貪污腐敗是一把不會熄、不能滅的火把。人性雖古來也有善惡說，我深信，每個人心中有一盞「光明燈」，要護持這盞小燈，以學忠〈是的，火不會熄滅〉一詩為本文結語。（註九）

火不會熄滅

只要這個世界
假醜惡依然猖獗
就不可自詡太平盛世
告別革命
放下手中的斧鉞……

是的，火不會熄滅
「資產階級就在共產黨內」
哲人聲聲滴血的告誡
千萬不能忘卻
高俅、和坤、成克杰
正採用傳統加現代的技法
克隆、嫁接
為求一家富貴榮華
瘋狂斂財
卑鄙、卑劣……

是的，火不會熄滅
也不能熄滅
東歐、前蘇聯慘痛教訓
像鋼錐扎得每一個共產黨人
時時肝腸欲裂
民心似火、民聲似火
噼噼啪啪、轟轟烈烈
一路燃燒不歇……

註　釋：

註一：王學忠，《我知道風兒朝哪個方向吹》（詩歌卷）（北京：線裝書局，二〇一四年五月），頁八八—九十。

註二：陳致平，《中華通史》，第九冊（台北：黎明文化出版，民國七十七年十月），第一章。

註三：同註一，頁六一—六四。

註四：陳福成，《中國政治思想新詮》（台北：時英出版社，二〇〇六年九月），第六篇。

註五：陳福成，《中國歷代戰爭新詮》（台北：時英出版社，二〇〇六年七月），第六篇。

註六：陳福成，《日本問題的終極整》（台北：文史哲出版社，二〇一三年七月）。

註七：同註一，頁五二—五四。

註八：Samuel P. Huntington，江炳倫、張世賢、陳鴻瑜合譯，《轉變中社會的政治秩序》（台北：黎明文化，民國七十四年十二月），第一章。

註九：同註一，頁一三四—一三五。

第二篇

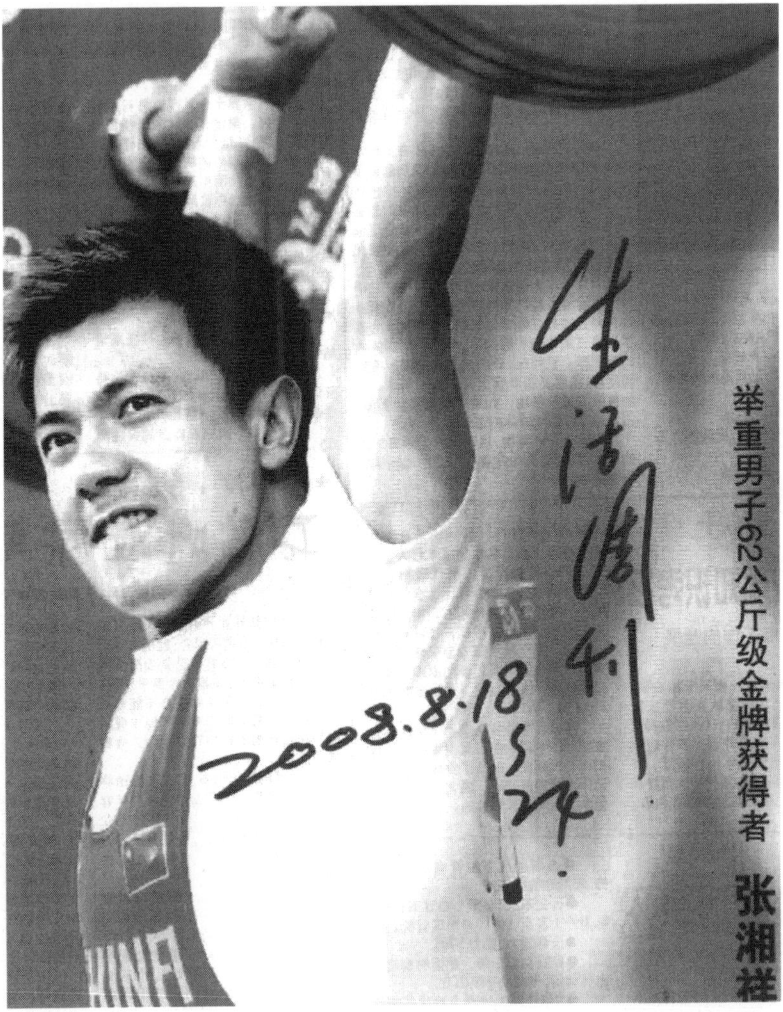
举重男子62公斤级金牌获得者 张湘祥
2008.8.18

第十章　到底是「人民文藝」還是「民族文學」？

台灣地區的讀者聽到「人民文藝」、「人民文學」，馬上從內心樹起一道抗拒的牆，立即聯想到「工農兵文藝」、「共產主義文藝」等內涵。事實上，國共對立時代，台灣也在搞「戰鬥文藝」、「三民主義文藝」等，兩個不和的難兄弟一個料，都要求文藝為政治服務，做黨的「化裝品」。台灣有句俚語，「龜笑鱉沒尾」，真是最合這對兄弟作為的形容了！

人民是國家的主人，文藝當然是寫給人民看的（本文不對「文學」和「文藝」兩詞，進行概念界定，隨行文方便使用，視為相同意涵。）是故，本文盡可能跳脫政治意識形態的框架，從王學忠的詩解讀，到底他詩裡堅持的人民文藝是什麼？以及我自己研究所得「人民文藝」精神又是什麼？

不論台灣地區研究大陸文藝思想的學者、大陸地區文藝工作者或王學忠諸多作品，凡講到「人民文藝」或大陸文藝議題等，都必須講述毛澤東在半個多世紀前，在延安的一篇文藝講詞。這篇文藝演講的內容，成為往後大陸地區文藝思想的「最高指導原則」，乃至一種「作戰訓令」，凡有一點違反的下場都很慘。所有被鬥垮的文人作家，如學忠在書上提到的丁玲、胡風，都被鬥的死去活來，當時被扣上一頂「莫須有」的大帽子。但也可見老毛這篇文藝講話真是「法力無邊」，人民文藝的源頭在這裡。（源頭的源頭，還可以追到馬恩，列寧等文藝思想，那些太遠了，從略。）

一九四二年五月，共產黨人在延安召開「文藝座談會」，時間長達一個月，毛澤東在會中發表〈在延安文藝座談會上的講話〉一文，全文長達兩萬多字，文章分兩次發表。五月二日發表〈引言〉，約三千多字；會議結束座談，於五月二十三日，發表〈結論〉，二萬多字，可以說是一篇有強大戰鬥力而能統一思想武裝的演講。（註一）我在三十多年前讀政治研究所時，研讀這篇文章，才深刻覺得國民黨為何會慘敗淪落到台灣島？吾黨（我仍是國民黨44年的老黨員）何時為文藝界，辦過幾天以上很慎重的座談會？算了，別提那些傷心事了！毛澤東在這場文藝座談會，五月二日的第一次講話，在〈引言〉中，開宗明義講人民文藝的宗旨、任務：（註二）

> 求得革命文藝的正確發展，求得革命文藝對其他革命工作的更好協助，借以打倒我們民族的敵人，完成民族解放的任務。在我們為中國人民解放的鬥爭中，有各種的戰線，就中也可以說有文武兩個戰線，這就是文化戰線和軍事戰線。我們要戰勝敵人，首先要依靠手裡拿槍的軍隊。但是

僅僅有這種軍隊是不夠的，我們還要有文化的軍隊，這是團結自己、戰勝敵人必不可少的一支軍隊。

這講話中的「民族敵人」「敵人」，當然是指國民黨。注意！一九四二年是民國三十年，老毛不是早已發佈「國共聯合抗日宣言」嗎？怎麼明裡是「同盟戰友」一家人，暗裡稱敵人準備要把你鬥垮？？？讓未來的歷史、史官，以其春秋之筆公道說吧！

〈引言〉中，老毛強調，要使文藝成為整個革命機器的一個組成部分，作為團結人民、教育人民、打擊敵人、消滅敵人的有力武器，幫助人民同心同德地和敵人作鬥爭。為了這個目的，有些什麼問題應該解決呢？我以為有這樣一些問題，即文藝工作者的立場問題，態度問題，工作對象問題，工作問題和學習問題。

老毛針對這些「問題」逐一解說，立場問題，是站在無產階級、黨和人民大眾的立場；工作對象問題，是文藝作品給誰看的問題，在根據地是給工農兵和革命幹部看，識字的會看報看書，不識字也會看戲聽歌看畫……

五月二十三日應該是延安文藝座談的閉幕會，老毛提出長文〈結論〉，指稱現階段的中國新文化，是無產階級領導的人民大眾的反帝反封建的文化；傳統的文學藝術，我們是要繼承的，目的仍然是為了人民大眾。何謂「人民大眾」？毛澤東這麼強調說。（註三）

那末，什麼是人民大眾呢？最廣大的人民，佔全人口百分之九十以上的人民，是工人、農民、兵士和城市小資產階級。所以我們的文藝，第一是為工人的，這是領導革命的階級。第二是為農民的，他們是革命中最廣大最堅決的同盟軍。第三是為武裝起來了的工人農民即八路軍、新四軍和其他人民武裝隊伍的，這是革命戰爭的主力。第四是為城市小資產階級勞動群眾和知識份子，他們也是革命的同盟者，他們是能夠長期地和我們合作的。這四種人，就是中華民族的最大部分，就是最廣大的人民大眾。我們的文藝，應該為著上面說的四種人。

我不得不贊嘆，毛澤東在七十四年前就知道，怎樣不用電腦抓「大數據」。這項本領到二〇一四年，國民黨尚不懂得用，結果台北市長選舉，「柯文哲獨木舟」打敗「國民黨大艦隊」，很可惜！我真憂心國民黨黨部遲早會搬到馬祖，也好！離祖國近點。

話說老毛在〈結論〉闡揚，他主張和列寧相同，無產階級的文學藝術，是整個革命機器中的「齒輪和螺絲針」。他反對托洛茨基的二元論或多元論，那是錯的，我們主張革命文藝是整個革命事業的一部分。

毛澤東的延安講話也批判梁實秋是資產階級文藝，周作人和張資本是漢奸文藝。無論如何！這篇文章在後來的半個多世紀，成為大陸文學文藝政策的指導綱領。所有領導人、詩人、作家、藝術工作者，創作立場、態度不合「人民文藝」者，一定會被鬥臭、鬥垮，乃至鬥死。改革開放後，情勢和緩許多，言論自由有些小小改善，但「人民文藝」思想影響深遠。二〇一四年十月十五日，習近平同志在北京文藝座談會講話後，王學忠即以〈人民文藝〉為詩題，傳承七十年前延安精神。（註四）

人民是父母
社會主義文藝家
要為人民鼓與呼
用杜鵑啼血般的聲音
呼冷暖痛痒
喜樂悲苦

人民文藝
不是門頭匾額
騙子護身符
而是一種信仰
非教徒勝似教徒

虔誠、忠誠
走毛澤東指引的路

丁玲、趙樹理走的路
柳青、草明走的路
一年三百六十五
義無反顧
與工農兵朝夕相處
群眾流淚
他們心酸楚

人民文藝
要為人民服務
為那個受鄙視的階級服務
樹碑立傳
畫像、雕塑
唱勞動者的歌

淌社會主義的汗珠

講真話
不計得失、榮辱
不顛倒黑白
不指馬為鹿
不扭屁股
也不拍屁股
有血有肉有骨

人民文藝
非有閑階級籠中鳥
手中把玩物
色情、凶殺
低俗、庸俗
決不讓銅臭
熏黑良心和藝術

人民文藝
也非致富的店鋪
應是刀、是槍
是劍、是弩
還應該是一片淨土
播下一粒粒精神的種子
長成參天大樹……

慢慢品賞這首詩，再讀幾段毛澤東延安文藝講話，確實思想上相通，語言文詞也可以相接，**「一年三百六十五／義無反顧／與工農兵朝夕相處／群衆流淚／他們心酸楚」**。第四、五、六段應是針對現代社會問題的描述和期待，依然走毛澤東的路，詩裡也標示出丁玲、趙樹理、柳青、草明的路，也是人民文藝的路。但在那個政治超越一切的年代，「路線」問題很可怕，似乎誰也沒把握明天不會被打成「反革命份子」，搞文藝等於搞政治鬥爭。在文革前大陸有五次文藝整風運動：（一）批判電影《武訓傳》、（二）批判俞伯平教授的〈紅樓夢研究〉、（三）整肅文藝理論家胡風及其集團、（四）整肅作家丁玲及其集團、（五）文革前江青領導的批判文藝「毒草」運動。每次運動都「死」

一堆人，沒死的也背負一輩子惡夢，有個叫「魯琪」，在一篇〈我是怎麼被打成「胡風分子」的〉文章說：（註五）

在他們的口中筆下，想把一個人從紅的描成黑的，從革命描成反革命，並不困難……我一夜之間從革命同志成了「反革命」，是要我成為「反革命」的人的政治需要，徐放何曾不是？胡風又何曾不是？這樣的往事再不堪回首，今天也要回首，這種回首不單單是為自己，也是為後人，是反思，更是紀念。

延安文藝講話也算是一個文藝整風的開端，因為到一九四二年二月，延安還存在約八種文藝刊物。但〈講話〉後當年全部停刊，按停辦順序如下。（註六）

◎圖畫為主的《前線畫報》。
◎文學綜合刊物《部隊文藝》。
◎艾青主編，延安詩會會刊《詩刊》。
◎舒群、丁玲、艾青、蕭軍、何其芳輪流主持，文學刊物《谷雨》。
◎延安文藝月會會刊《文藝月報》。

◎延安魯迅藝術文學院，草葉社《草葉》。

◎邊區音協半年音樂刊物《民族音樂》。

◎《民間音樂研究》。

為何〈講話〉後，所有物刊全停辦了？有人不懂嗎？黨要控制一切了。我認為，「人民」二字這半個多世紀來，雖徹徹底底的被政治化、工具化，任何想要獲取一些政治利益的人，就可以指控誰是「反革命」！誰背叛了人民！但還是有很多「時代的良心」，他們真的心中有人民，如學忠這首詩，〈你永遠居住在人民心裡：悼柯岩〉。（註七）

你雖離去，雖離去
火一樣的熱情
火一樣的赤誠
火一樣的名字和詩
依然給人力
「在革命需要的每一個地方
和我們在一起」

有人說你是「小迷糊阿姨」
不！八十二載的革命生涯
你最痛恨迷糊、猶豫
脊梁骨不能彎要直
用你親切的詩
告訴那些活潑、天真的孩子
以及他們的父母
父母的姐妹兄弟
任何時候都不可迷糊
眼睛擦得雪亮
堅信馬列
與人民共命運、同呼吸

你說你是「一粒種子」
埋在「褐色的土地」
邪惡、疾病
土層的壓力

也不能征服你的意志
你用堅定的信念
一點一滴積攢的力
沖破土層
「擠碎冰雪的妒忌」
「長出兩片綠油油的葉子」
「開出鮮艷的花朵」
與蜜蜂一起勞作、歌唱
「釀造金色透明的蜜」

一個人民的詩人
不能僅生活在詩的平仄裡
憂黨、憂國、憂民
堅持真理
是詩人的職責
更是一個共產黨員
忠誠祖國和人民的美麗

人民的詩人
要敢於直面現實
面對人民的苦難
不裝聾作啞
背過臉粉飾太平或逃避

一個人民的詩人
在沒有下雪
卻十分寒冷的冬季
告別了她熱愛的詩和人民
駕鶴西去
不，你永遠居住在太陽升起的地上
居住在人民的心裡……

身為一個詩人，他為什麼可以是「一個人民的詩人」？他為什麼可以「居住在人民的心裡」？我始終在思考這個問題。是因為他信仰馬列嗎？還是他是共產黨員？或是他深悟老毛的延安文藝講話？若他非共產黨員，就不會成為「人民的詩人」嗎？我很想有

個合理的解釋。正好我最近也在讀星雲大師註釋，《成就的秘訣：金剛經》〈如理實見分第五〉，我返覆思索。（註八）

「須菩提！於意云何？可以身相見如來不？」「不也，世尊！不可以身相得見如來。何以故？如來所說身相，即非身相。」佛告須菩提：「凡所有相，皆是虛妄。若見諸相非相，即見如來。」

這段是須菩提和佛陀的對話，佛陀告訴須菩提，不能執著於世間一切名相，因為所見一切相都是虛妄，並非是本質。《金剛經》的四句偈是佛陀在世四十九年，所說法之精髓，**「一切有爲法，如夢幻泡影，如露亦如電，應作如是觀。」**我再想一想這位被學忠稱為「人民的詩人」的柯岩，如果他不是共產黨員，他還會是「人民的詩人」嗎？從《金剛經》經義的啟示，他仍然會是人民的詩人。因為「共產黨員」也好，「無產階級文藝」也罷，都不過是「名相」，凡所有相皆是虛妄，真正的關鍵在《金剛經》強調的「萬法唯心」。一個人的心是「好心、真心」，放在那裡都一樣，如此便回到詩人作家的「真性情」本質說，真性情是所有作家、詩人、藝術創作者的「心靈原鄉」。

吾國詩學、文學、美學從古至今，都突出「以真為美」的特色，雖也說「以善為美」，但作為一種人格、一種性情，善仍以真為條件、為基礎，無真則無以為善。（註九）只有真性情才是真感情，發乎內心之真誠，吾國文壇先賢如是說。

◎袁枚，《答蕺園論詩書》，「千古文章，傳真不傳偽」。

◎劉熙載，《藝概．詩概》，「詩可數年不作，不可一作不真」。

◎王若虛，《滹南詩話》，「哀樂之真，發乎性情，此詩之正理也。」

◎《莊子．漁父》，「真者，精誠之至也。」

並非所有叫作家、詩人的都有真性情，但要成為真正「人民的詩人」，永遠居住在人民的心裡，無真性情是絕對住不進去的。我在《從魯迅文學醫人魂救國魂說起》一書，例舉吾國文壇有史以來，七個最貼近人民的詩人（屈原、李白、杜甫、陶淵明、李後主、魯迅、王學忠）（註一〇），他們若無真性情，如何進住人民的心裡？諸君若再讀武侯〈出師表〉、李令伯〈陳情表〉、歐陽公〈瀧崗阡表〉，乃至林覺民〈與妻訣別書〉，就更能感受到何謂「真性情」了。吾國數千年由許多有真性情的作家，才能建構如萬里長城般的一部《中國文學史》。

是故，讀王學忠的作品或他悼柯岩的詩，頌揚柯岩是「一個人民的詩人」，我是通過佛法「萬法唯心」和吾國文學「真性情」說，去解讀他們的詩品人品，而不是因為他信仰馬列，也不是因為他是共產黨員。我深信，李白、杜甫等，就算活在現代，不論他是共產黨員或國民黨員，他依然不會失去真性情，依然寫出**「朱門酒肉臭，路有凍死骨」**，這樣悲天憫人又有批判性的詩句。

在王學忠這兩本新著，有不少對當代很貼近民心的作家的禮贊。任何藝術創作者乃至其他，只有把心交給廣大的人民群眾，這樣的人就值得去歌頌，再讀學忠賀劉章老師七十五歲誕辰，〈劉章是一棵樹〉。（註一一）

劉章是一棵樹
一棵根札人民沃土的參天大樹
蒼勁卻不老邁
兀然傲立彰顯詩人風骨
也是一位詩的聖徒
像屈原、杜甫、艾青
不求功名利祿
用一生的愛
哲思、情愫
與人民同心、時代同步

劉章是一棵樹

一棵根扎人民沃土的參天大樹
蓬勃且又堅毅
矗立詩壇一尊精神雕塑
也是一根蠟燭
燃燒自己
照亮五千年詩之路
用一生的執著
熱忱、忠貞
記錄時代風雲、百姓歌哭……

這首詩用三個意象，參天大樹、精神雕塑和蠟燭，都是人類文化文明史上，俱有崇高價值的象徵意義，這些價值不是物質金錢可以衡量。再以**「兀然傲立彰顯詩人風骨」**，「風骨」二字在中國文化中，代表一種不投降、不屈服，堅持真理、正義的情操。有這樣情操的人，吾國歷史上舉之不盡，文壇詩界的屈原、李白、杜甫、蘇東坡……艾青、魯迅、王學忠……乃至文天祥、岳飛、方孝儒。……他們的風骨，是中國文化裡的鋼，是中國人體內一種「鈣」。若無鋼無鈣，吾人風骨不在，如何兀然傲立？有那個人民會與他同心？

以上我透過王學忠三首飽涵「人民文藝」的詩作，論述人民文藝的內涵、歷史背景和相關史事等。我始終有些質疑，認為以「人民文藝」為名相，來涵容這些有風骨有氣節的作家作品，不僅有待商榷，似乎也名實不合，而應以「民族文學」名之，才最為合適，如次論述。

第一、「人民」二字在過去的半個多世紀，已被政治化、被割裂（同是一國人民，有些是人民，有些非人民）。根據〈人民政協共同綱領〉，「人民」的定義範圍，是指「工人階級、農民階級、小資產階級、民族資產階級，以及從反動階級覺悟過來的某些愛國民主份子。」（註一二）如此的定義「人民」，根本是在製造國家分裂，彰顯並升高社會衝突，最終將造成中華民族感情分裂，後害無窮，如今亡羊補牢尚不晚，揚棄人民文藝，正名「民族文學」。

第二、「人民」給人的印象是指現在的、當代的，時間很短。但像賀敬之、劉章、巍巍、柯岩、王學忠等等，能夠住在人民心中的詩人，他們的人和詩已俱有恒久性。他們是民族詩人，他們的作品是民族文學，他們已能超越現在。

第三、從世界上的普遍現象看，各國只有「民族文學」，而沒有「人民文藝」。多位諾貝爾文學獎得主都講過這樣的話，「偉大的文學作品要立基於自己民族文化基礎」（莫言也說過）。故，應提倡民族文學，而使人民文藝沉寂下來。

第四、民族文學才是兩岸文學的「共同文學觀」。往昔國共鬥爭時期，兩陣營都把文學當工具、當武器，人民文藝宗旨是要為工農兵服務，打倒國民黨政權。如今，兩黨應以國家統一為至高目標，要完成民族任務，提倡民族文學是兩岸人民最能接受。

第五、人民文藝思想源自馬列共產主義，但馬列早已過時，甚至被丟入歷史的廢墟中。這話不是我說的，早在一九八四年十二月七日，為突破教條主義，走好小平同志的「有中國特色的社會主義道路」，《人民日報》發表〈理論與實際〉一文。該文指出「馬克斯逝世已經一百零一年了，他的著作是一百多年前寫的，有的是當時設想，後來情況起了很大的變化，有的設想不一定妥當，很多事情馬克斯、恩格斯沒有經歷過，列寧也沒有經歷過，他們沒有接觸到，不能要求馬克斯、列寧當時的著作解決我們當前的問題。」（註一三）這就是大陸普遍流傳的馬列主義過時論的開始，這是事實。所以，中國要向前走，走向廿一世紀的世界強國，馬恩史列毛都已是過去式，回不去了！那種思想的文藝也回不去了，但我們可以回到「民族文學」的懷抱，民族文學才是文學的「母親」。

或許我該進一步再說說民族文學是什麼？但本文已很長了。民族文學不就是「中華民族的文學」嗎？我們身為炎黃子民，有幸成為中國人，成為中華民族的一員，我們創作、寫詩，彰顯民族之榮耀以傳後世子民，亦批判腐敗惰落以警惕後人。

我們創作的作品，如果叫「人民文藝」，或許只限於給某一黨派和支持者看，等於受限於特殊族群；若叫「民族文學」，等於跳脫了時空框架，視野全開，就是放在全球世界各國，中華民族文學是可以傲岸卓立的。

註釋：

註一：《毛澤東選集》第三卷（北京：人民出版社，一九六九年五月，第六次印刷），頁八〇四—八三五。

註二：同註一，頁八〇四—八〇九。

註三：同註一，頁八一二。

註四：王學忠，《我知道風兒朝哪個方向吹》（詩歌卷）（北京：線裝書局，二〇一四年五月），頁二八—三十。

註五：魯琪回憶，魯曉紓整理，〈我是怎麼被打成「胡風分子」的〉，《炎黃春秋》，二〇一三年第八期（北京：中華炎黃文化研究會，二〇一三年八月），頁一七—二一。

註六：王克明，《延安文藝：從繁榮到沉寂》，《炎黃春秋》，二〇一三年第三期（北京：中華炎黃文化研究會，二〇一三年三月），頁七九—八二。

註七：同註四，頁一二九—一三一。

註八：星雲大師，《成就的秘訣：金剛經》（台北：有鹿文化出版，二〇一一年二月二十一日），頁二二〇。

註九：陳慶輝，《中國詩學》（台北：文史哲出版社，民國八十三年十二月），第一章，頁二一—二三。

註一〇：詳見：陳福成，《從魯迅文學醫人魂救國魂說起》（台北：文史哲出版社，二〇一四年五月），第一—七章。

註一一：同註四，頁一三二—一三三。

註一二：《中共辭彙》（台北：中國出版公司，民國七十五年十一月），頁二七—二八。

註一三：同註一二，頁一二九—一三〇。

第十一章 何得而稱「詩人」？為詩而生而死？

當我讀幾回〈詩人須為詩而生而死〉、〈站著寫詩〉等詩作，再度讓我思考到「應然」和「實然」的兩極命題。（另參第九章）全世界都知道「救人一命」是應該的、是必須要救，絕不能「見死不救」，這根本是基本常識，婦孺鄉巴佬也知道是該作的事。

但是，二〇一五年間（往年早有），地中海、中南半島和南洋一帶，因戰亂和種族歧視，出現很多難民船，附近國家都不准靠岸亦不救人。因而造成很多難民死在海上，每次（經常）船難死人成千上百，各國都有理由「見死不救」。以緬甸為例，翁山蘇姬向來以人道主義者自稱，她也眼見自己國家的少數民族洛興雅被迫害，也是見死不救，因為她不能得罪多數人。（見剪報）這個應然和實然落差太大了，成為兩極。

按我對人性和歷史的理解，眾生之中能依「應然」境界，完成人生的「自我實現」，真是千萬人不得其一，絕大多數人在「成聖成佛」和「邪惡魔鬼」（如圖）之間，不斷的游移或掙扎。有的人終生為惡，臨死前其言才善，有的人就是誅九族、十族，也不做違背良知的事而從容就義，如文天祥、岳飛、方孝孺。

人間福報　洛興雅「乒乓球」翁山蘇姬也猶豫　2015.5.31.

一九三九年五月十三日，德國遠洋輪船「聖路易斯號」從漢堡起航，載著九百一十五名猶太難民，希望逃離歐洲迫害。兩周後，抵達古巴哈瓦那，但被拒絕入境，後來美國和加拿大也做出同樣決定。聖路易斯號被迫返回歐洲。據估計，四分之一的乘客最後死於納粹集中營。

英國金融時報在報導「洛興雅人變乒乓球」時，敘述了這段歷史，既諷刺原先拒絕難民入境的泰國、馬來西亞和印尼，也暗諷歐美國家，報導說：「且不提地中海了」

洛興雅人的遭遇令人想起當年的猶太人。他們是生活在緬甸和孟加拉的穆斯林少數民族，「遭受非人化待遇，包括猖獗的仇恨言論、得不到公民身分、遷徙自由受到限制」，面臨「種族屠殺的嚴重風險」。

二〇一〇年緬甸軍政府開放以來，反洛興雅和反穆斯林情緒普遍抬頭。更多的自由言論意味著更多的仇恨言論。今年四月，政府收回洛興雅人的臨時身分證，原因是佛教徒抗議，不希望洛興雅人擁有投票權。

緬甸的洛興雅人，還有一個更棘手的難題：就連民主偶像翁山蘇姬也猶豫著，不敢使用洛興雅一詞，擔心會冒犯她的佛教徒支持者。英國金融時報批評，這與一九三〇年代歐洲猶太人的遭遇相比，相當貼切。

五月底，緬甸頒布新的人口法，地方當局可以進行調查，若移民人數多、成長率與出生率高，必須實施家庭計畫，減少生育率。新法很明顯是針對洛興雅穆斯林。

金融時報主張，國際社會必須讓緬甸知道，迫害少數民族不可能不受懲罰，代價是多快解除西方對緬甸的制裁，或是否解除制裁。

佛教徒最是慈悲、寬容，但緬甸佛教徒所爲，讓人深深遺憾。

明太祖朱元璋兩腿一蹬走了！遺詔傳位皇太孫朱允炆，是為明惠帝。燕王朱棣不服，起兵造反，大戰三年終於篡位竊國成功，是為明成祖。這時他須要當代大思想家方孝孺，寫一篇〈文告〉，向天下人說明他造反有理、革命成功，以取得合法性地位。方孝孺那裡肯違背良知良能？當廷哭罵篡位者道：「死即死耳，詔不可草！」

燕王大怒道：「你那容易就死！你難道不怕誅九族麼？」孝孺亦大聲道：「便十族奈我何！」。燕王乃怒殺其十族（含門生、朋友），

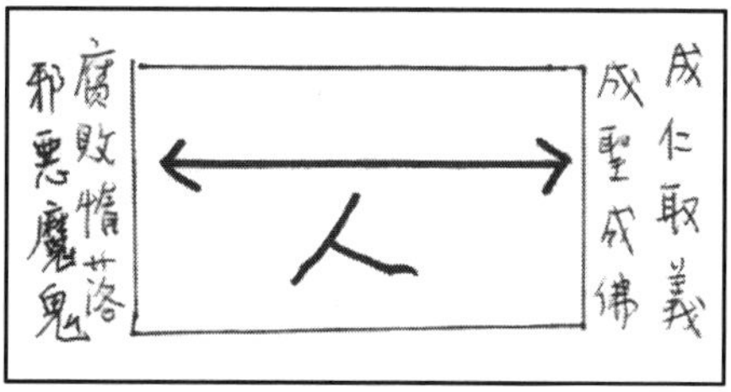

死者八百七十三人，孝孺慷慨赴義，臨死作絕命詞曰。（註一）

天降亂離兮，孰知其由？奸臣得計兮，謀國用猶。忠臣發憤兮，血淚交流。
以此殉君兮，抑又何求！嗚乎哀哉，庶不我尤！

天降亂離兮，孰知其由！確是人皆不知，而大難已臨頭。如國共內戰期間，成仁取義有之，投降以取富貴有之，出賣戰友換取活命有之……能如文天祥、方孝孺等，把真理正義堅持到這樣「神聖」的境界，極少極少，此實「應然」之極致也。

詩人若能在面對任何誘惑或災難時，依然**「站著寫詩／腰杆要挺得直」**，如方孝孺，刀已架在頸子上，還能從容為詩而生而死，這當然就是詩人，且是「聖級」詩人。但「詩人須為詩而生而死」，也隱涵很多討論空間，須是「必須」，應該為之，若只差「一小步」是否得稱「詩人」？再做寬鬆些詮譯，何得而稱「詩人」？怎樣才能叫做詩人？先賞讀學忠這首〈詩人須為詩而生而死〉一詩，他就《中國新詩百年大典》說不。（註二）

編史、編詩史
須有良心、良知
公平正義

品行污穢的人
猥瑣的人
要拒之驅之
使其遠離之

入選的每一個詩人
寫的每一首詩
都應是那個時代
一幅動人的圖畫
一個難忘的故事
用獨特的風格和技巧
書寫民情民生民意
《新婚別》《石壕吏》
告訴歷史
戰爭讓多少家庭子散妻離
《茅屋為秋風所破》
揭露了太平盛世的謊言

一個正直文人的悲慘遭遇

詩史
應為群英薈萃
不該是小圈子裡
貓兄狗弟們的相聚

經典
既為個體心靈的展示
又是時代的紀錄人民的記憶
真相真言真諦

選幾首經典
編一部詩史
千萬不可心生私念
也不能性子急
真詩、好詩
需要時間的沉澱

蕩去鉛華、浮塵
才是金子、是玉

真詩人
須是虔誠的詩教徒
為詩而生而死
用真情寫詩
良知寫詩
生命寫詩
詩人無所畏懼
寫出的詩就驚天動地……

首先談到編史、編詩史，在吾國有千載可循的傳統規矩，即後面朝代史官才能為前朝代修編史籍，包含與史相關的各類史集，這是為了保持客觀，排除私心和情感因素。例如，宋亡，元朝史家修《宋史》；元亡，明朝史家修《元史》；明亡，清朝史家修《明史》，歷朝歷代皆如是。清亡後，民國史家本應修《清史》，因民初動亂接下來國共鬥爭不休。故至今清亡已百零四年，因兩岸史觀不同，仍只有《清史稿》，而沒有《清史》。

可見一個國家內鬥分裂，為禍範圍簡直「其大無外、其小無內」，禍害神州山河大地！禍害炎黃子孫眾生！禍害中華文化文明！讓列祖列宗傷心垂淚啊！

當代人也可以寫各種史，只是重要性大多不高，學術水準好的學者寫史，當然對當代學界是有貢獻的。再說到編詩集，我有以下不同層次看法。

第一、台灣各詩社都流行編同仁詩集，如《秋水》、《葡萄園》、《創世紀》等太多了，台灣詩社都是詩人自己出錢，小圈圈裡自己玩得爽，並無不好。但是詩社編類似《二〇一四年台灣新詩精選集》（舉例），裡面盡是自己同仁作品，完全名實不合且自我膨脹。這種事誰也無可奈何！只能留待詩界公平。大陸情況我了解不深，據聞都是公費支持，編《中國新詩百年大典》，是何等「嚴重」又慎重的事，若有半點私心或不法，不僅要依法辦理，公佈罪行，且要拒之驅之於詩壇之外。若是個人出資編印，不涉公款，相信誰亦把他無可奈何！

第二、入選《中國新詩百年大典》作品，當然必須是百年來最好最有代表性，但不一定所有作品都在書寫民情民生民意。因為「百年新詩」就要包含百年內各種流派的詩，這才名實相合。回首看中國幾千年詩歌史，諸種風格派別都有，詩經自然民歌、漢賦應酬競利、王維等山水田園、王昌齡等邊塞豪放、李白浪漫奔放、杜甫憂國憂民、退隱的「竹林諸賢」。新詩發展至今百年了，同樣有各種風格流派作品，要把最好的包容進來，否則就不能叫新詩百年大典。

第三、再來是真詩、好詩。相信這部份難度最高，俗話常說「老婆是別人的好、文章是自己的好。」大家都認為自己的作品最好，詩人自己有自信心當然是好。但編百年大典，必然要成立「編委會」，由公認重量級詩人行之，過程中有許多技術性問題要處理，關鍵也在大家要去除私心，才能成就大業。

這首詩第六段，指出真詩人的條件，**「須是虔誠的詩教徒／為詩而生而死／用眞情寫詩／良知寫詩／生命寫詩／詩人無所畏懼」**。「真詩人」有幾個條件，為詩而生而死最嚴苛、最困難、境界最高，也最神聖，若能一生堅持並做到，等於是「文天祥、方孝孺同等級」位階。至於能以真性情、良知寫詩的詩人，相對較多（後述）。

何得而能稱「詩人」？

學忠幾年來的詩或其他文論，很強調詩裡有「鈣」，只要詩裡有鈣，通常詩人也會有真性情、有良知，當然層次不如「為詩而生而死」來得高。很多人說現在寫詩的人比詩讀的人多，大陸學者古遠清教授在《台灣當代新詩小史》提到，大陸寫詩人口大約五百萬。（註三）台灣也不少，但這些數字必然包含許多不入流的，隨便把幾段句子分行排列（後述）就叫「新詩」，這些都要拒之驅之於詩壇之外。故，吾人從嚴六成汰除，以四成計，兩岸能叫「詩人」的，或許等同人民解放軍數量；再扣除「玩票詩人」或層次太底（有性情、無才情）等，能叫「真詩人」者，至少應有幾十萬，而能「為詩而生而死」，至少該有幾十人（還活著的）。在〈站著寫詩〉一詩，學忠等於秉筆直書「真詩人」和「假詩人」的不同。（註四）

選擇什麼樣的姿勢寫詩
屬於自己
不過，若想寫出
大詩、史詩
必須站著寫詩

站著寫詩
腰杆要挺得直
心不憋屈
把一腔浩然正氣
書寫的淋漓盡致
站著寫出的詩
任憑風雲變幻

歲月侵蝕
依然本色不改
靈光習習
閃爍在人民心裡

跪著也可寫詩
人矮了詩也低
阿諛、作揖
看著風向寫詩
用雕蟲小技寫詩
一副猥瑣的樣子
奴才的樣子
寫的是胯下的詩
被嗤以鼻

趴著、躺著寫詩
也許很舒適

兩耳不聞窗外事
卿卿我我泄欲
音樂萎靡
男男女女
你寫性感催生的詩情
她寫肉體摩擦的快意
其實，那都不是詩
是床上的東西

寫詩有多種姿勢
選擇那一種
屬於自己
站著寫詩
詩便會像人站起
任憑風雲變幻
歲月侵蝕
始終昂首挺立……

說到「看風向寫詩」，我印像最深刻是台灣的一位詩人叫路寒袖，詩寫的不錯，詩壇上也承認他是詩人。可惜在台獨執政那幾年，他為向獨派示好效忠，大談「去中國化」，又帶頭去把蔣介石銅像大卸八塊，成了獨派紅人，確實得了許多好處。不久獨派因貪污案成過街老鼠，他於是倒向統派，且勤跑大陸，到大陸說他如何熱愛中華文化。讀者看倌說公道話，他能算是詩人嗎？他心中還有真性情嗎？

回到真假詩人、是不是詩人的命題上，這種命題陷入「二分法」困局中，只有在數理領域才能以二分法確認答案，因為數理的答案是精準、精確且統一（四海皆準），沒有「灰色地帶」。除此，舉凡社會文史哲人文範圍，一切人類成為兩極（看前圖：成聖成佛和邪惡魔鬼）都是極少數人，絕大多數人在中間地帶游移。因此，二分法鼓勵人向上提昇，成仁取義，成聖成佛是可以的，但以此標準為「唯一量表」，合此標準（為詩而生而死的聖佛境界），則世上可能沒有一個夠格成為詩人。

我從比較務實、相對寬鬆的思維，來說明何得而稱「詩人」！怎樣才夠格被稱為詩人！我聽到很多詩人說作品能傳世才叫詩人。這樣說也等於沒說，說了一個「無解的命題」，無用，傳世要傳到那一世？大家早已全去了西方世界，你我他都無人可以見證了，故傳世之說作廢。以下各項說明，能做得好，做出境界，你的作品就自然可以傳世。

一、能以真性情寫詩是詩人（以下各項亦以此為先決條件）

「真於情性，發乎自然」是中國詩歌藝術表達的基本美學特徵，數千年來的文學、藝術都沿著這條路線前進的。因此，成為作家、詩人，真性情是一個先決條件，有了這項再談其他，此處不再贅文詳論真性情的內涵。

詩人周夢蝶94歲辭世

有「孤獨國國王」之稱的詩人周夢蝶，昨天下午病逝於新店慈濟醫院，享壽九十四歲。他曾說，靜坐是為了寫詩，寫詩是為了修行。如今，他完成了修行，在人間留下傳奇。

新聞見A3

文／陳宛茜 圖／本報資料照

聯合報 103.5.2.

按我在詩壇的初略觀察了解，在台灣詩壇方面，有真性情並以真性情寫詩的詩人，如《創世紀》系統的洛夫、辛鬱、碧果、管管、汪啟疆、張默、辛牧、龔華等；《葡萄園》系統的范楊松、台客、莊雲惠、賴益成、金筑、子青和已故的文曉村等；《秋水》系統的琹川、涂靜怡、綠蒂等，還有余光中、瘂弦、已故的鐘鼎文和周夢蝶，無黨無派的一信，他們用一生歲月寫詩，他們是有真性情的詩人。

大陸詩壇最早的新詩人胡適、劉復、郭沫若以降，冰心、徐志摩、聞一多、戴望舒、李金髮、臧克家、艾青、田間、沙鷗、賀敬之、流沙河、北島、雁翼、丁玲、魯迅，還有王學忠書裡提到巍魏、苛岩、劉章等，有的寫詩也寫其他，都是用真性情寫詩的詩人，相信還有不少。

評作家詩人的真性情當以一生作為來觀察，若是忽左忽右便應驅逐出詩國。因此，國共鬥爭的結果也出現這方面問題，所有「左翼作家聯盟」（魯迅、田漢、胡風、丁玲等），一九四九年後在台灣都被宣傳成「假醜惡」的失格作家。（註五）等到兩岸開放，許多資料也見了光，原來他們的真性情，找不到一點假意。

二、能寫出好詩是詩人

「好不好」的事最難判定！婚姻好不好？同性戀好不好？誰的文章好不好？都很難說的準。能寫出「好詩」才叫詩人，相信再寫幾本書也找不到「標準答案」，但還是有原則性的說法。

我採用北京大學教授段寶林的說法，「好詩是美的，是受到讀者喜愛的，它必然有高度的藝術性。」他還說：「美就是可愛的東西，可愛就是美的。」（註

1930年的魯迅

六）段教授有很深入的論述，趣者可參閱他的論文（看註釋）。

好詩的另一個觀察指標，是有「不錯的市場佔有率」，有市場的東西不一定是好的，只表示有很多人喜歡。例如出版一本詩集，數月間賣掉幾萬或幾千本，通常可以叫好詩了。如果市場擴展到國際，那不僅是好詩，更是一個時代最有代表性的經典。魯迅的作品正向全世界傳播，據聞已有五十多種各國文字譯本。（註七）而王學忠的詩作也已走出國門，在法國、紐西蘭、美國、德國都有讀者。（註八）可預見的未來，學忠的作品會和魯迅一樣，在各國底層民眾受到歡迎。

有公正客觀的評審，得獎詩作也通常是好詩，此在世界各國皆然，除非另有腐敗惰落者的操弄，邪魔歪道當家，那也真是詩壇的災難。學忠在〈「魯迅文學獎」要寧缺毋濫〉文論，（註九）談到那些下流、粗劣，甚至對孩子和社會造成毒害的作品，竟然得了「魯迅文學獎」，這是詩壇的惰落，這些得獎的詩不是好詩，是爛貨！

所以「能寫出好詩是詩人」，也可以從反面說「寫下流、粗俗、狗屁不通的詩不是詩人。」我在台灣《葡萄園》，看到向胤道寫〈中國新詩「寫法」之困惑〉一文，提到有一趙麗華的詩**「趙又霖和劉又源／一個是我侄子／七歲半／一個是我外甥／五歲／現在他們兩個出去玩了」**，還有幾首都是這樣不可思議、不通的東西；他竟是國家一級作家、中國作協會員，還是第二屆魯迅文學獎詩歌評委，自評自獎，看來中國文壇詩界的惰落是很嚴重的。光靠一個王學忠的「鈣」，恐怕是救不了這一潭污黑的腐敗之水。

還有更惰落腐敗的，一個省級官員武漢市紀委書記車延高寫了一些廢話詩，如〈徐帆〉，**「徐帆的漂亮是純女人的漂亮／我一直想見她……／拍了很多叫好又叫座的片子……」**這竟然是第五屆魯迅文學獎得獎作品，這簡直污辱了魯迅、敗壞了中國詩壇，但可確定這些不是詩，他們也不叫詩人。（註一〇）據聞，大陸的詩人、作家大多是領國家薪水的，如同公務員，實質上是一種「官」（詳情待查）。既然是一種官，可能就有買官賣官這等事，在如同死水般的官場，買個詩人當、買個魯迅文學獎，根本是很容易的事！

三、一輩子寫詩、為詩而貧窮是詩人

幾年前當台灣前領導陳水扁貪污案爆發，社會上出現一句很夯的名言，「扁家窮得只剩下錢」。我引用這個說法，台灣詩壇上有一種叫人可敬的現象，「詩人窮得只剩下詩」。

台灣有一群詩人，他們一輩子寫詩、寫詩評、編詩刊、出版詩集，這些全要自己花錢，政府沒有經費補助。我所認識這樣的詩人如，綠蒂、涂靜怡、關雲、莊雲惠、汪洋萍、張默、周夢蝶等。他們的窮是所謂「生活可以過」，依著少許退休金或基層公教人員薪資，以上最窮的是周夢蝶，是徹徹底底的「無產階級」，無產無家，有一回得國家文學獎有獎金三十萬，他右手領來，左手便送給慈善機關。周夢蝶比顏回還窮，他不須要錢，他只須要詩，最近詩壇已成立了「周夢蝶新詩獎」。

還有綠蒂，為了編詩刊，維持運作賣了房子。台灣像這樣一輩子投入的詩人還有不少，在台灣當詩人絕對是虧大本的事，但他們的真性情是淨純的，使命感很高，他們一輩子寫了很多詩，至少有些是好詩，他們也是真詩人。

四、憂國憂民外，還有一些好詩、好詩人

學忠在〈站著寫詩〉一詩裡，直指「詩」與「非詩」、「詩人」與「非詩人」，是有本質上的不同，這是從比較神聖、嚴苛的要求。我則從比較世俗、寬鬆的認定，床上的東西也可以寫出好詩，**「你寫性感催生的詩情／她寫肉體摩擦的快意／其實，那都不是詩／是床上的東西」**。

「床上的東西」到底是不是詩？回到《中國文學史》找答案。中國歷史合久必分，分久必合，魏晉南北朝是個大動亂、大分裂、大爭戰的大時代，這種時代的作家詩人出現兩個「自然的出口」，一個「老莊花園」，一是「及時行樂」。而二者都是人們對國家社會的絕望，天下不可為的反映心態。

南北朝的及時行樂派發展出「宮體詩」，形式上是齊梁以來自然形成的結果，思想

上受到「人生幾何」的反激，走上享樂、縱欲、佚蕩的淫逸之風，基本上就是寫「床上的東西」。重要詩人如簡文帝（梁）、陳後主、徐陵、庾信等。床上的東西只要寫的不下流，寫出藝術性，還是在中國文學史佔了小小一席地。

民國以來第一情聖、寫情詩的第一把手徐志摩，他的情詩都從床上的情人昇華出來，台灣很嚴謹的詩評家高準，評其「有獨立的意義、普遍意義、有積極浪漫的精神。」（註一一）這是很高的評價，在兩岸文壇市場上，徐志摩作品也還很受歡迎。

「跪著也可寫詩／人矮了詩也低／阿諛、作揖／看著風向寫詩」，為某種獲利目的寫詩，如為謀一官半職，寫些向上級領導，甚至向高層統治者取悅獻媚之作，還有可能是好詩、好詩人嗎？還是回到《中國文學發展史》找答案，看漢賦如何興盛！

漢賦作為詩經、楚辭後，另一種重要的詩作文體，利祿引誘是極大的力量，貴族們提倡，而有鄒陽、枚乘、司馬相如、韓安國等名士出。枚乘賦柳，得絹五匹；相如賦長門，得黃金百斤。到了武帝，他愛好文學，司馬相如、東方朔、枚皋諸人，都因作辭賦得官了。再後，宣帝時王褒、張子僑，成帝時揚雄，章帝時崔駰，和帝時李尤，都以作賦而入仕途。（註一二）我以為，這類作品若盡是阿諛之詞，毫無自尊與格調，詩人的真性情盪然不存，很難讓人叫他一聲詩人。若好自為之，有些格調，就算看著風向寫詩，也還能有好作品，漢賦正是，趣者可自行深入去讀司馬相如等人作品。

註釋：

註一：全案經過可見，陳致平，《中華通史》第九冊（台北：黎明文化出版，民國七十七年十月修訂一版），第一章。

註二：王學忠，《我知道風兒朝哪個方向吹》（詩歌卷）（北京：線裝書局，二〇一四年五月），頁七六—七八。

註三：古遠清，《台灣當代新詩小史》，資料轉引自，台客，〈走過風雨四十六年〉，《葡萄園》第一七八期（二〇〇八年五月十五日），頁六二。

註四：同註二，頁一〇五—一〇七。〈站著寫詩〉，另刊台灣《秋水》詩刊第一六三期（二〇一五年五月），頁一〇四。

註五：「左翼作家聯盟」，簡稱「左聯」，為中共在上海文藝界所秘密建立的外圍組織。一九二九年二月，「創造社」被封，接著「太陽社」、「我們社」、「引擎社」等左傾文學團體自動解散。潛伏上海的中共分子遂積極醞釀建立左翼作家的秘密組織。一九三〇年三月二日下午二時，「左翼作家聯盟」正式舉行成立會，到會的有馮乃超（時任中共「中宣部文化工作委員會」委員兼文藝組組長，「左聯」籌備人）、沈端先（夏衍）、錢杏邨（阿英）、魯迅、田漢、蔣光慈、郁達夫、李初梨、彭康、徐殷夫、柔石等五十多人。先推定魯迅、沈端先、錢杏邨三人成立主席團，繼由馮乃超、鄭伯奇報告有關籌備經過，由「中國自由運動大同盟」代表及魯迅、彭康、田漢等發表演說，然後通過籌備委員會擬定的綱領，選出沈端先、馮乃超、錢杏邨、魯迅、田漢、鄭伯奇、洪靈菲等七人為常務委員，周全平、蔣光慈二人為候補委員。會上提案十七件，主要為：組織「自由大同盟」的分會；發展左翼文藝的國際關係；組織各種研究會；與各「革命團體」發生密切的關係；發起左翼藝術大同盟的組織；確定各左翼雜誌的計劃；參加工農教育事業等。當時所通過的綱領，略謂「帝國主義的資本主義制度已經變成人類進化的桎梏，而其『掘墓人』的無產階級負起其歷史的使命，在這『必然的王國』中作人類最後的同胞戰爭——階級鬥爭，以求人類徹底的解放。」明言「我們不能不站在無產階級的解放鬥爭的戰線上，攻破一切反動的保守的要素，而發展被壓迫的進步的要素」，「我們的藝術是反封建階級的，反資產階級的，又反對『穩固社會地位』的小資產階級的傾向。我們不能不援助而且從事無產階級藝術的產生。」，「我們對現實社會的態度不能不支持世界無產階級的解放運動，向國際反無產階級的反動勢力鬥爭」。後面附有行動總綱領，其要點是：一、我們文學運動的目的在求新興階級的解放。二、反對一切對我們的運動的壓迫，並決定吸收外國新興文學經驗、訓練新作家及提拔工農作家、確立馬克思主義的藝術理論和批評理論、出版機關雜誌及叢書小叢書等工作方針。實際上，「左聯」的領導權是掌握在中共「黨團書記」

馮乃超手中，魯迅只是名義上的領袖罷了。同年八月中共所控制的「左聯」和「左翼劇團聯盟」、「左翼社會科學聯盟」、「左翼新聞記者聯盟」等團體聯合組成「左翼文化總同盟」，馮乃超出任「書記」，其「左聯」書記一職，由周揚繼任。一九三六年春，中共為配合其抗日統一戰線活動，下令「左聯」自動解散，計自成立至結束，為時近六年。參加「左聯」的人，除前面已列舉者外，尚有茅盾（沈雁冰）、曹聚仁、瞿秋白（易嘉、史鐵兒）、胡風、丁玲、馮雪峰（何丹仁、畫室）、胡也頻、馮鏗、陽翰笙（華漢）、潘漢年（時任中共「中宣部文化工作委員會」書記）、楊邨人、姚蓬子、孟超、樓建南、袁殊、顧鳳城、張天翼、沈起予、方光燾、穆木天等。

註六：段寶林，〈新時期詩壇的啟明星：初論大詩人王學忠〉；吳投文、晏杰雄、江臘生編，《底層書寫與時代記錄》（北京：線裝書局，二〇一三年九月），頁二—六〇。

註七：吳鈞，《全英譯魯迅詩歌集》（台北：文史哲出版社，二〇一二年十一月），頁一四。

註八：同註六書，第三輯。

註九：王學忠，《我知道風兒朝哪個方向吹》（散文、文論卷）（北京：線裝書局，二〇一四年五月），頁一六—廿一。

註一〇：向胤道，〈中國新詩「寫法」之困惑〉，《葡萄園》詩刊第206期（台北：二〇一五年五月十五日），頁三八—四六。該文指出中國詩壇許多嚴重的問題，深值當代兩岸中國有良知血性、有真性情的詩人，提筆批判，糾正惡習。

註一一：高準，《中國大陸新詩評析》（台北：文史哲出版社，民國七十七年九月），頁九二—九三。

註一二：劉大杰，《中國文學發展史》（台北：華正書西，民國八十九年八月），一三四—一三五。

第十二章 從兩首詩看誰是工農？還有幾億貧下工農？

讀學忠〈我們是工農〉、〈工農〉二詩，讓我思考到一些深入的歷史問題，而這些問題可能不因改革開放而消失，因為大陸憲法使用的還是同一部，憲法精神宗旨都仍是「無產階級專政」。當然，改革開放會產生量變質變，但很多意識形態的東西，深入人的思想，會在意識中存在一輩，到底誰是工農？

中央在建政之初，很強調「工農兵」，像是「三位一體」。但改革開放後不久，「兵」少被提到，剩下「工農」一體。我判斷「兵」數量沒有工農多，薪資待遇好，權力最大，他們可能成為資產階級了。

光是一個「農」，分成很多階級，地主、富農之下，又有「貧下中農」。按照中共前「中央人民政府政務院關於劃分農村階級成份的決定」，「中農大多都佔有土地。有些中農只佔有一部份土地，另租入一部份土地；有些中農並無土地，全部土地都是租入的。中農自己都有相當工具，中農生活來源全靠自己勞動，或主要靠自己勞動，中農一般不剝削人，許多中農還要受別人小部份地租、債利等剝削。但中農一般不出賣勞動力。另一部份中農（富裕中農）則對別人有輕微的剝削，但非經常的與主要的。這些都是中農。」（註一）

此外，在「中農」中，按階級的先後劃分，有所謂「新中農」和「老中農」；按生活情況分，有所謂「上中農」（富裕中農）和「下中農」。中共稱土改以前的中農叫「老中農」，其中又區分「老上中農」和「老下中農」；土改以後由「貧農」升為「中農」叫「新中農」，其中又區分「新上中農」和「新下中農」。

再者，在「中農」中，生活狀況在普遍中農以上，一般對別人有輕微的剝削，其剝削收入的份量，以不超過其全家一年總收入的百分之十五為限度，這叫「富裕中農」（上中農）。在進行階級鬥爭時，富裕中農是即打又拉的對象，下中農則是爭取、利用的對象。

一九六四年九月，中共〈關於農村社會主義教育運動中一些具體政策的規定〉（修正草案），對於劃分「上中農」有新規定：「用什麼標準劃分上中農……有的同志單純以生活富裕的程度作為劃分的標準，結果把一些貧農和其他中農劃錯為上中農……還有的同志以政治態度作為劃分上中農的標準……結果往往把一些思想落後或者有較多缺點的貧農和其他中農劃為上中農，造成農村階級隊伍的混亂……劃分上中農的根本標準是佔有較多的生產資料和進行輕微剝削……老中農在土地改革時，一般只劃分上中農和一般的中農。所謂老下中農，就是老中農中間佔有生產資料較少，須要出賣少量的勞動力或借少量債，因而生活水平較低的一部份人。」

足見在「中農」中，再劃分出不同階級，也是漫無標準的，中間必有政治鬥爭或私怨情仇的因素。「貧農」就是中共在農村的「無產階級隊伍」。貧農者，只有不完備的耕具，有土地少許或全無，一般要租地耕種，出賣勞力。貧農通常和「下中農」合稱「貧下中農」，都在進行階級鬥爭時，必須加強利用控制的階級。按無產階級專政理論，最貧窮才是最尊貴的，這很違背人性。世上人人想富裕發財，有誰願意當「無產階級」？有誰願意當「貧下中農」？若非政治洗腦，我不相信有人願意。

同是農工，也可能成為無產階級的敵人。共產黨泛稱「階級敵人」，指無產階級以外的一切敵對階級成員，包括地主、富農、反革命份子、壞份子、右派份子。

另外，把人群不斷進行分解、切割，也出現很多敵人。最初只講「黑四類」，是地主、富農、反革命份子、壞份子。後加右派份子成「黑五類」，文革時加入走資派和牛鬼蛇神成「黑七類」，最後出現「黑九類」（地主、富農、反革命份子、壞份子、右派份子、叛徒、特務、走資派、知識份子）。上面黑九類中，最黑是知識份子，所以大陸叫知識份子「臭老九」，如古代「九儒十丐」，是最卑賤低下的階級，好像是印度「賤民」階級。

所以別以為工農兵就安全，階級鬥爭完全以「政治需要」為考量，就算你真是「無產階級」，也可能在一夜間「豬羊變色」，變成「階級敵人」。因為，你壞不壞？黑不黑？不是看你做什麼或什麼身份，而是別人的「政治需要」！

說了農，再講「工」，工比農複雜很多，因為除了士農兵商以外，其他都可以叫工。更廣義的解釋，全國上至元首，下到販夫走卒，都不過是「工人的一種」，勞心勞力程度不同，所以勞工節才全國放假。

工農有時也不好區分，有的農人也是工人。例如人民公社，最初純是農民組織，後來發展到「五位一體」（工、農、商、學、兵）。吾國自古把各種行業簡化成士農工商，事實同是「工」，有千百萬不同的工人，發展現在可能有幾十萬不同的工人行業。所以，到底誰是工農？賞讀學忠〈我們是工農〉一詩。（註二）

我們是工農
說話粗魯、衣帽不整
身上汗漬、牛糞味兒濃
用父輩給予的力
和艱辛裡的酸痛

陸億萬富翁　每周增1人

【本報綜合外電報導】一項調查發現，今年首季，中國大陸幾乎每周便誕生一名億萬富豪。

負責調查的瑞銀集團與羅兵咸永道指，亞洲將是創造億萬富豪的中心地區，估計區內的億萬富豪人數將於五至十年內超越美國。

調查顯示，一九九五至二○一四年的二十年內，全球共有九百一十七名白手起家的億萬富豪，產生的財富超過三點六兆美元，亞洲富豪占上當中的百分之三十六財富，首次超過歐洲，緊隨美國。而按年齡分，亞洲億萬富豪的平均年齡僅為五十七歲，較歐美的年輕達十歲。

二○一五、五、廿八
人間福報

在華夏大地上謀生

血和汗融一起是淚
一把把咽進肚裡
叫忍辱負重
工廠勞作、田間耕種
路邊草兒生生不息
頑強的生命相伴苦命

挖煤在地獄十八層
黑磚窯的磚坯壓在背上
比泰山還重
沖床、織機、高高腳手架
紅斑狼瘡傷了多少花季少女的身子
也傷了心靈

我們是工農

一根根鋼筋鐵骨
支撐著鳥巢、天塔架雲騰空
橋梁、隧洞
穿越千山萬水
在黑暗與寂寞中奮勇前行

工農不是精英
回響國家大劇院的裊裊樂聲
優雅、動聽
我們聽不懂
然而，看到電視裡那些拍紅的巴掌
心也像浪濤洶湧

工農不是精英
精英出沒的賓館、飯店、公務員大樓
也有我們的身影
保安、廚子、按摩女、清潔工

苦澀的笑容
綻放春夏秋冬

我們是工農
昔日國家的主人
如今跌入泥坑
跌回一九二一那個夢
為了那個夢
再苦再累也不能趴下，也要硬挺……

這首詩前六段寫實而悲壯，最後一段陷入悲慘且不夠真實。當然，這是我的感受，不同的讀者定有不同的感受，這便是詩。

前六段是一幅工農積極拼鬥的圖畫，這樣的畫面，大約是台灣蔣經國主政時代的畫面，當時台灣啟動「十大建設」，每天電視上看到的是工人揮汗苦幹的鏡頭。在各種工地、礦場，是一群男性工人幹活；在許多「加工區」有成千上萬花樣年華的少女，擔任各類加工品的「女工」。當時主政者喊出的口號，是「客廳就是工廠」，全台灣可能沒有一個是「閒人」，蔣經國和各部會首長每天上山下海，和工人們一起吃飯聊天，啊！

那是一個偉大的時代，打下台灣現在的經濟基礎。可惜，李登輝、陳水扁這些敗家子，已動搖了台灣基礎，未來若再加上蔡英文這個敗家女，台灣大概就完了，等大陸來收爛攤子！

為什麼說最後一段陷入悲慘而不夠真實情境？昔日工農是國家的主人，如今跌入泥坑，跌回一九二一年水平。等於回跌了九十多年，這真是慘！弦外之音是在痛罵改革開放的不當，改革開放的結果只培養少數富人，佔總人口最多的工農還是苦哈哈過日子，生活水平倒退一百年，這可是很嚴重的問題。我若將此再上綱，也可以說詩人質疑黨的路線有問題，乃至黨的執政能力也有問題。希望我如此詮釋學忠的詩，不會讓他變成「黑五類」。

「爲了那個夢／再苦再累也不能趴下，也要硬挺……」這不夠真實。所謂「那個夢」，一九二一那個夢，是指一九二一年（民國十年）七月，在上海法租界貝勒路李漢俊寓所，召開「中國共產黨第一次代表大會」，共產黨正式誕生，後繼在浙江嘉興之南湖召開。（註三）「夢」指共產主義社會「各取所需、各盡所能」的境界，沒有壓迫、沒有階級的社會。底層勞苦的工農大眾，他們不會知道這些政客劃出的「大餅」，他們也不想，他們所想的只是做完工領到銀子，維持老小溫飽。

他們再苦再累也不會趴下，也要硬挺，為養活一家老小，為讓兒女讀書，為讓愛妻不要太累，寧可累死自己，他們會挺下去，這樣就真實了。至於說，要挺住黨的夢，或

挺住這個國家，吾以為那太遙遠了！學忠另一首以工農為題的詩，賞讀〈工農〉。（註四）

猶如地裂天崩
國家主人翁
瞬間淪為雇佣
失上、失地
失去娘親的流浪兒
孤苦伶仃

孤單、孤寂
秋雨、秋風
孤雁悲鳴一聲聲
啼得心寒、心痛
若擱淺的龍
折翼的鷹

身子可以跌倒

精神不能熊
擦乾血跡
抖落泥濘
依然不改
對黨和祖國的忠誠

只要社會主義建設需要
擰到那兒
都是永不生銹的螺絲釘
發熱、發光
勤勤懇懇
忠心耿耿

工農並非草芥
精英不是神靈
把崗位給我們
照樣能做科長、局長

管理教育、金融
識辨拐騙坑蒙

穿上軍裝
便是一個兵
什麼日本倭寇
美國大佬
嗡嗡叫
幾隻碰壁的蒼蠅

不要說我們無能
這也不行那也不行
重新起飛
只需一聲令
排成巨大的人字
翱翔萬里長空……

這首詩的第六段引起我敏感的神經，**「穿上軍裝／便是一個兵／什麼日本倭寇／美國大佬／嗡嗡叫／幾只碰壁的蒼蠅」**，這是詩人的豪氣，可敬可佩，詩也可以這樣寫，但我對這詩意的思考，是上升到一個極嚴肅的高度，「解放軍能不能打贏一場廿一世紀的第三波戰爭？」

戰爭學裡把人類有史以來的戰爭，按型態區分三波。農業時代的戰爭叫「第一波戰爭」，時間從人類文明進入農業時代到工業革命前，約有八千年。工業時代的戰爭叫「第二波戰爭」，時間從工業革命到一九九〇年美軍攻打伊拉克前。美軍（聯軍）入侵伊拉克，開啟資訊時代的「第三波戰爭」。（註五）解放軍可以打第一、二波型態的戰爭，是毫無疑問的，但也僅限於在大陸週邊地區的陸戰，海戰則尚未「證明」過可以打。假設，台海爆發戰爭，又假設美日介入，解放軍能否打贏這場家門口的局部戰爭，是存疑的。

解放軍的「腫散驕奢惰」已讓鄧小平同志解決了，打國境附近的陸戰尚可。但一九九五年的台海危機，我以《決戰閏八月》和《防衛大台灣》二書，論述當時的解放軍尚無能力打近海作戰，並登陸台灣。（註六、七）因這兩本軍事專書論著，《北京軍事專刊》封了在下一個極大的名號，叫「台灣軍魂」，該刊刊出我的軍裝封面照。（如下）內有一篇專文，介紹〈陳福成的戰略思想〉。如此的看得起我，我對解放軍的戰力評估，亦自信有相當把握。

一九九〇年八月二日凌晨二時，伊拉克總統海珊以十三萬兵力，六小時就攻陷科威

中共大裁軍

2015.6.4.

■白德華 中國時報

1985年5月23日至6月6日，中共軍委擴大會議在北京召開。6月4日，中央軍委主席鄧小平宣布：「中國政府決定，人民解放軍減少員額100萬。」（**見圖，本報資料照片**）十年磨一劍，鄧小平自1975年喊出大裁軍計畫，終在此次大功告成，裁軍規模世上罕見。

1975年元月，中共發出一號文件，任命鄧小平為中共中央軍委副主席兼總參謀長。歷經十年文革，中共軍制早毀壞殆盡。當年7月軍委擴大會議上，老鄧扳著手指頭說，「腫散驕奢惰是軍隊主要問題，要研究精簡整編，為軍隊『消腫』。」

中共建政後的前25年，建軍一直是強國的中心思想，文革期間軍隊雖受保護，但因享特權而成化外之地。當年軍隊員額460萬，但官兵比例竟達1：2.5，與美國1：17、德國1：7相較都難成比例。精兵實際是「精官」，老

鄧說，「這是得罪人的事情！我來得罪吧！不把這矛盾留給新的軍委主席。」可見阻力之大。

經歷多次裁軍，多數功敗垂成。直至1985年，老鄧終下定決心，治軍先治將，將大刀揮向高階將領。一夕間，60萬軍隊幹部被列「編外」，陸軍部隊建制單位撤銷四分之一，包括有著幾十年光榮歷史、立過赫赫戰功的部隊，而11大軍區縮編7大軍區。

1987年4月副總參謀長徐信宣布，精簡整編任務完成！裁減員額100萬後，軍隊總定額為300萬。1978年老鄧提出「四化」目標：革命化、年輕化、知識化、專業化。裁軍後，軍隊年齡從64.9降到56.7，自此逐步建立梯隊接班，也讓解放軍成為具有戰鬥力的部隊。且由於老鄧的眼光深遠，為後代中共領導人領軍鋪平了道路。

台湾现役将领"龙虎"榜
台湾军队大揭秘
决战方案
台湾地下军事指挥所揭秘
军事
文摘
（专刊）
台湾军事实力揭秘

台海戰爭會否爆發？
中共會否來犯？台灣能否自保？
請看兩岸軍事研究專家——陳福成暢銷姐妹作！
這是1995年的宣傳海報
決戰
後鄧時代中共武力犯台研究
閏八月
台海安全與三軍戰略大佈局
防衛
大台灣
這個問題現在還在的

特。美國和聯軍動員約四十萬兵力，於次年二月以幾乎毀滅性的擊敗伊拉克，光復科威特。這場戰爭之所以叫「第三波戰爭」，是因為型態已從第二波「進化」。按我的評估，解放軍要能打這種戰爭，至少是二十年後的事，還有得努力。

解放軍遲早要面對這樣的戰爭，而且很快，當你成為國際上的「大哥」時，會有很多不得不介入的機會。我們現在批評美國到處打仗，假如有一天中國真成了「國際盟主」，還是一樣要介入很多外國戰爭，所不同者是介入方式不同吧！

身為國際上的大國、強國，絕對不能怕打仗，只有經由戰爭洗禮，才是「真正的訓練」，也可以說唯一有效的軍隊訓練，就是戰爭。平時雖有所謂「演習」，那不過是嚇人的，熱鬧給活老百姓看的。在必要的時候，就必須打一場漂亮的戰爭，十萬大軍出去，回來剩八萬，那兩萬人是國家必要的犧牲（他們的犧牲要有代價），回來的八萬個個都是「無敵鐵金剛」，這就是最好的訓練。

不論第幾波戰爭，勝敗從來不是靠兵多將廣，一九八五年鄧小平為什麼要裁減解放軍員額一百萬？（看前面〈中共大裁軍〉剪報）。二千五百多年前，吾國兵聖孫子率三萬吳軍，與楚國二十萬大軍對決，五戰皆勝，大敗楚軍，導至強大的楚國「暫時亡國」。（註八）一場決定明朝結束，滿清入主中國的「薩爾滸會戰」，明軍楊鎬率四十餘萬大軍，採「外線作戰」；女真努爾哈赤率六萬兵，採「內線作戰」，雙方大戰於遼東薩爾滸山，才五天就擊滅明軍。（註九）越戰時，美軍在越南戰場投入五十萬大軍，最後為何敗退？

雖說戰爭輸贏不在人數多少？但在主決戰方面必須形成「絕對優勢」，這又和兵力有關。所以說，戰爭是一種科學、兵學、哲學、藝術的圓融運用；同時也是國家「政、軍、經、心」總體國力的發揮。自古以來，國際關係的本質如同「黑幫」，所謂合作、友好、同盟都不過是策略運用。有一天中國真的成「大哥」，必須主盟各大小「國際幫派」事務，有二個「小弟」打架火拼，當大哥的能不介入嗎？

回到〈工農〉這首詩，詩人突顯了改革開放過程中，有很多人（含詩人自己），一夜間從國家的主人翁淪為雇佣，成為社會底層最孤苦的一群人。就像鄧小平大裁軍，勢必要裁掉百萬兵、六十萬幹部，使軍隊從四百六十萬，精減到三百萬（看前面剪報），解放軍就像一個吃閒飯的「超級大胖子」，別說要打仗了，恐怕自己也被自己壓垮了。同理，當年國營事業若不全面改革，今天中國絕不可能是「世界第一大經濟體」！「中國夢」也別做了！

不論從國營事業被裁掉或從解放軍被「消腫」掉，這一群成為勤懇又孤苦的工農，雖無「公糧」可吃，但保有真性情操，對黨和國家依然忠心耿耿，這才是可敬可愛的一群。

這首詩末段**「不要說我們無能／這也不行那也不行」**，相信這些底層辛苦的工農群眾，有時也可能碰到「歧視的眼光」，表示這個社會不夠成熟，尚非「正常的社會」。按社會學研究，大陸社會目前本來就「不是正常的社會」，搞了半個多世紀「去中國化」

（馬列本質上是「非中國」的），人性根本已全面變質了；現在雖大力在復興中華文化，至少還要幾十年才能回到正常，大樓鐵路等硬體建設可以很快，而人心文化等軟體建設是很慢很慢的！尤其「政治破壞」的恢復更難，天大的難！

以台灣為例，相信來過台灣旅遊的大陸同胞或別國旅客，很多說過「台灣最美的風景是人」這樣的話。確實，台灣人情味濃、有禮守秩序、樂於助人，街道乾淨，若排除政治風景，台灣已算是「成熟、正常」社會。很可惜，若加入政治因素，台灣立刻變成一種「無藥可救的社會」，至少有半數人仍在懷念日本殖民的好，那種奴才、漢奸思想很可怕。加上這些年獨派操弄「台灣人不是中國人」，很多人中毒極深，根本不知道自己是誰？更讓人覺得台灣快完（亡）了！沒救了！統獨兩陣營比仇人可怕，統派希望獨派人馬死光光，獨派也希望統派人馬死光光！啊！炎黃老祖！孔老孟子！救救台灣吧！

到底誰是工農？改革開放三十年後，想必誰是工農？已沒有鮮明的「工農兵」形像。如同世界各國的社會，必有一批「低收入」者（各國的「貧窮線」標準不同），美國約有幾千萬，大陸則可能有幾億，用大陸術語或可叫「貧下工農」，他們須要國家的幫助，大陸高層的領導們，王學忠的詩你們可曾讀到過？

註釋：

註一：《中共辭典》（台北：中國出版公司，民國七十五年十一月），五三—五四。

註二：王學忠，《我知道風兒朝哪個方向吹》（詩歌卷）（北京：線裝書局，二〇一四年五月），頁七九—八一。

註三：陳福成，《中國近代黨派發展研究新詮》（台北：時英出版社，二〇〇六年九月），第一章。

註四：同註二，頁九六—九八。

註五：**Alvin and Heidi Toffler** 原著，傅凌譯，《新戰爭論》（台北：時報出版公司，一九九四年元月十五日），第五、六、九章。

註六：陳福成，《決戰閏八月》（台北：金台灣出版公司，一九九五年七月十日）

註七：陳福成，《防衛大台灣》（台北：金台灣出版公司，一九九五年十一月一日）

註八：陳福成，《孫子實戰經驗研究》（台北：黎明出版公司，民國九十二年七月），本書是「中華文化復興運動總會」，八十五年的學術著作獎（國家獎）

註九：陳福成，《中國歷代戰爭新詮》（台北：時英出版社，二〇〇六年七月），第六篇，第三十六輯。

第十三章　民心何在？人民的眼睛是雪亮的嗎？

「民心」是否真的存在？民心又是什麼？假設「民心」是一個國家（地區、族群）部份人「心」，所組合形成的綜合體（假設為A），則A有獨立判斷的能力嗎？有分別善惡的能力嗎？若皆有，為何日本人民支持他們的軍隊到處侵略、屠殺別國人民？？

大家常說「人民的眼睛是雪亮的」，確實如是嗎？日本軍隊在中國大陸到處屠殺無辜人民，日本老百姓的眼睛沒看見嗎？或是不夠雪亮，台灣話說「眼睛給『曉』夠列」。也可以解釋，眼睛雪亮的，有看沒有到，這也證明人民的眼睛不完全是雪亮的。其實，眼睛亮不亮，在於一心，民心亦如是。所以，眼睛是「心窗」，是靈魂之窗，是裝在外面的心，心亮即眼睛亮，心黑即眼睛黑。

中國歷代文史哲政兵各類思想家，最愛說民心。如管仲（牧民）曰：「政之所興，在順民心；政之所廢，在逆民心。」如此的「單純」嗎？管仲進而論述道理：

民惡憂勞，我佚樂之；民惡貧賤，我富貴之；民惡危墜，我存安之；民惡絕滅，我生育之。能佚樂之，則民為之憂勞；能富貴之，則民為之貧賤；能存安之，則民為之危墜；能生育之，則民為之滅絕。故刑罰不足以恐其意，殺戮不足以服其心。故刑罰繁而意不恐，則令不行矣；殺戮重而心不服，則上位危矣。（註一）

〈牧民〉篇大約在高中或大學國文選，不必再譯成白話。但看樣子好像「民心」不難理解，順之就好，但從歷史事實去觀察，民心似乎也很「難纏」，因為吾國數千年多少朝代政權之亡，都能簡化詮釋是被民心推翻的。不是說「得民者倡、失民者亡」嗎？包括國民黨在一九四九年丟了大好江山，還是能以失去民心詮釋之。也因民心很複雜、難纏又重要，管仲以降之吾國思想家無不論述民心要旨，有關民心的作品幾列火車拉不完。上溯到更古早，周朝初建時，姜太公輔佐文王，講的也是民心，在《姜太公兵法》有如下的對話。（註二）

文王問太公曰：「願聞為國之大務。欲使主尊人安，為之奈何？」
太公曰：「愛民而已！」

文王曰：「愛民奈何？」
太公曰：「利而勿害，成而勿敗，生而勿殺，與而勿奪，樂而勿苦，喜而勿怒。」

這是《姜太公兵法》〈國務〉篇的一段對話，顯然「愛民」二字不是光用嘴巴說的，包括保護人民生命財產安全、不誤農事、讓人民安居樂業、減輕賦稅、官吏清廉、勿使百姓失去工作（提高就業率）。而在〈順啟〉篇中，文王問太公「何如而可為天下？」太公有一段答話：

故利天下者，天下啟之；害天下者，天下閉之；生天下者，天下德之；殺天下者，天下賊之；徹天下者，天下通之；窮天下者，天下仇之；安天下者，天下恃之；危天下者，天下災之。天下者，非一人之天下，唯有道者處之。

這段話的本旨，在告訴統治者和整個領導階層，怎樣才能得到民心支持，確保政權穩固，國家社會才能長治久安，否則遲早會被人民遺棄，用白話這麼說吧！

能為天下百姓謀福利的，天下百姓就擁護他；

使天下百姓受害的，天下百性就反抗排斥他；
關懷天下百姓生活的，天下百姓就感載他；
殺戮天下百姓的，天下百姓就仇視他；
順應天下百姓民心者，天下百姓就支持他；
苛刻百姓讓人民窮困的，天下百姓就厭惡他；
能使人民安居樂業的，人民必定會挺他；
給人民帶來災難者，人民必以災難回報他；
天下不是一個人的天下，心存仁德才能治理天下。

這樣的話，在孔孟以後的思想家也都說過，這麼多的大思想家、大政治家、大兵法家都這樣說，一定是他們也知道「民心」真的存在，人民的眼睛真的是雪亮的。只是民心存在或眼睛雪亮，如同佛說的「眾生皆有佛性，部份人被貪嗔痴慢疑蒙障，淹蓋住佛性，而示顯邪惡。」在《群眾運動學》這門功課，有句名言說「群眾都是盲目的」，這太弔詭（Paradox）了，同是一群「人民」，眼睛有時可以是雪亮的，為什麼成為「群眾」就盲目？

在研讀學忠〈不自由，毋寧死〉、〈神狗〉等幾首詩，感覺他就是在談民心、談人民的眼睛。很有趣幽默的筆法比喻，學忠是透過動物經驗說話的，如這首〈不自由，毋

寧死〉。（註三）

嘆息、惋惜
小鳥潔如玉
一動不動
淒淒慘慘戚戚
曉風裡的鳴囀
成為小院的記憶

小鳥溺水而死
不！投水而死
一葉粉色的海棠花瓣
輕輕落下
覆蓋著它的身子
純潔和美麗

小鳥死了

沒有奴顏媚骨
也無掙扎、恐懼
像一位烈女、志士
靜靜躺在曉風裡
慘烈、剛直

唉，小小鳥兒
用自殺方式
告別塵世
掙脫囹圄
讓圍觀群眾
唏噓不已、驚嘆不已

有的說
這鳥兒才擄來不久
還是野性子
自殺是對過去生活的眷戀

山上清澈的泉水
水邊翡翠的綠

有的說
小鳥的自殺
是因為思念兒女
誰家的孩子不是心頭肉啊
母女別離
像錐扎針刺

也有的說
無論是思念兒女
還是眷戀清泉和綠
只是一種猜測
其實，那小小鳥兒
仍是個處女

人群七言八語
引我萬千思緒
忽然想起
法國大革命時期的亨利
「不自由，毋寧死」
那句對生死的詮釋……

在詩的〈題記〉說明，鄰居家剛買來不久的一只白玉鳥，早上突然死在鳥籠裡，頭部浸泡在飲水罐中，身子裸露外邊，圍觀的群眾說是自殺……

一個小小事件，詩人發揮強大的想像力，第一段就事實陳述這個感傷的現場；第二、三段確認小鳥投水而死，維護了自己生命的尊嚴，並把牠的地位提昇到烈女、志士層級，牠↓她沒有奴顏媚骨，安靜自在躺在曉風裡。這部份再上綱，言外之意在提示、警惕生為人的我們，不要不如一隻鳥，直指崇洋媚外或奴才德性者，鳥都不如，可悲啊！

第四段改用「自殺」，告別人世間，彰顯她的「烈女精神」，讓人驚嘆，群眾圍觀是突顯她的崇高偉大。第五、六、七段是眾人的猜測八卦，不是重點，詩人透過這樣的佈局，把故事範圍擴大，是為了在最後第八段，以最簡潔有力的速度，為全詩總結**「忽然想起／法國大革命時期的亨利／「不自由，毋寧死」**一個王朝政權被人民唾棄，被民心判了死刑。這不就是姜太公對文王說的那句話，「給人民帶來災難者，人民必以災難回報他」！人民的眼睛果然是雪亮的。

詩人企圖以「鳥在籠中自殺死」，比喻法國大革命時，人民追求自由的決心，「不自由，毋寧死」。最真實的說法，應是當時路易十六王朝已被民心判了死刑，可以說是完全失去民心的政權。賦稅苛重、王室腐敗、軍隊腐化，王后揮霍無度，不知人民苦難，更是導至王朝結束和法王被判死刑的直接原因。

路易十六昏庸寡斷，娶奧國公主瑪麗安妥尼特（Maria Antoinette，1755-1793），這個女人驕矜、虛榮又貪婪，有人向她說：「人民沒有麵包吃了。」她竟答說：「沒有麵包，為什麼不吃牛排？」歷史上認為，路易十六雖無能仍有善良之品格，王后的貪婪干政罪更大。在台灣也有這樣一位「后」級的女人，台獨頭目陳水扁的老婆吳淑珍，可謂是瑪麗王后的轉世，兩個邪惡女人說同樣話，陳水扁掌握那八年，陳吳兩家族拼命洗錢搞錢，想升官做生意的都要送錢給吳淑珍，有人不送，她說：「錢不送來，我叫推土機壓下去。」推土機是啥？她掌控的國安情治系統，有這樣的女人，真是台灣的不幸！

不自由，毋寧死！所以法國大革命高舉〈人權宣言〉（Declaration of the Right of Man and Citizen，1789），有關自由如：（一）人類與生俱來的是自由，而且永遠自由。（二）人民所有的權利，包括自由、財產權、安全，以及對壓迫的抗拒。（三）任何人不得無故被控或被禁，除非因案件，依法律規定程序。

王學忠以「鳥死」案，「突然想起」、法國大革命、「不自由、毋寧死」，這些詞句代表一種「警告」意味，所以這不是突然想起的，是有意佈的局，說給黨聽的。告訴黨「小心民心啊！人民的眼睛是雪亮的。離揭竿而起只有半步啊！」另一首〈神狗〉，真異曲同工之妙。（註四）

狗肉鋪老板喝了口酒
下意識地
把酒噴在狗臉上
操刀、挽袖
狗突然撲來
咬住其咽喉……

七八條漢子聞訊趕到
怒火似燃燒的油
用鐵杠撬狗嘴
木棒砸狗頭
老板娘拎肉鉤子的手

篩糠似的抖
等撬開了狗嘴
打死了狗
狗肉鋪老板已閉了目
被咬斷了喉
圍觀人群七嘴八舌
消息不脛而走

有的說
前些年南方鬧SARS
是果子狸復仇
這條狗來自深山
也是專來報
狗肉鋪老板殺狗的仇

還有的說

那狗是二郎神哮天犬轉世
是條神狗
火眼金睛
隔著外面的皮
能看見裡面的骨

狗肉鋪老板哪裡知道
才欲上手
早被狗看透
說時遲、那時快
狗一個鷂子翻身
斷了其喉

一個待殺的狗
斷了殺狗者的喉
讓我思忖良久
也給世人一個警示：
不是所有的狗

台灣人 最不相信政府官員

人間福報 2015.5.31

【本報台北訊】今天是經濟部前部長李國鼎逝世十四周年忌日，他生前號召成立的「群我倫理促進會」昨公布「二〇一五台灣社會信任調查」。諷刺的是，李國鼎被認爲是台灣經濟奇蹟推手，備受民衆愛戴，這項調查卻顯示目前台灣民衆最不信任的人是政府官員。

信任排行榜前五名是家人、醫生、中小學老師、鄰居、基層公務人員；倒數前五名是政府官員、民意代表、新聞記者、總統、法官。

群我倫理促進會二〇〇一年起製作台灣社會信任調查，平均兩到三年調查一次。政府官員在這十五年的調查總是「吊車尾」，今年、前年甚至敬陪末座。

調查顯示，逾半數民衆不信任總統、政府官員、民意代表。基層公務員則獲六成九民衆信任，警察也有六成一民衆信任。

醫師、警察、律師、基層公務員這四類族群，受民衆信任度創歷年新高。企業負責人的信任度大幅跌落，從前年的四成八民衆信任，到今年四成民衆信任；群我倫理促進會理事長許士軍認爲與食安風暴密切相關。

這次調查由群我倫理促進會與信義文化基金會合辦，委託遠見民調中心執行。調查時間爲四月二十六日至三十日，電話訪問台灣二十縣市成年人，有效樣本數爲一千零七十八人，抽樣誤差正負百分之三。

社會信任調查排名

	2015年 共14名	2013年 共14名	2008年 共13名	2006年 共12名
家人	1	1	1	1
醫生	2	2	2	2
中小學老師	3	3	3	3
鄰居	4	4	4	—
基層公務員	5	5	—	—
法官	10	11	10	6
總統	11	10	7	9
新聞記者	12	12	12	11
民意代表	13	13	13	12
政府官員	14	14	11	10

註：一代表該年度未列排名

製表／人間福報編輯部

都是任人宰割的肉……

這首詩和〈不自由、毋寧死〉詩，在結構、佈局、思維邏輯上是相同，我認為在詩意指涉、內涵，二詩也是可以連接的。但我大膽詮釋，詩最後兩行**「不是所有的狗／都是任人宰割的肉」**，是在影射古今中外那些把人民當狗的統治者，任意把人民當狗宰殺。有沒有這樣的政權？有沒有這樣的統治者？告訴讀者，多的不計其數。歐洲中古「黑暗時代」屠殺異教徒、白人初到美洲大陸屠殺印第安人，就是現代廿世紀也很多（高棉、北韓、南斯拉夫分裂前後、敘利亞、伊拉克……）。我們中國幾千年歷史中，也存在不少統治者把人民當狗看待，人民在死前一定會反撲。我想到《孟子》裡幾段話。（註五）

湯誓曰：「時日害喪，予及女偕亡！」民欲與之偕亡。（梁惠王上）

孟子曰：「桀、紂之失天下也，失其民也，失其民者，失其心也。得天下有道，得其民，斯得天下矣。得其民有道，得其心，斯得民矣。得其心有道，所欲與之聚之，所惡勿施爾也……」。（離婁上）

孟子告齊宣王曰：「君之視臣如手足，則臣視君如腹心；君之視臣如犬馬，則臣視君如國人；君之視臣如土芥，則臣視君如寇讎。」（離婁下）

愛因斯坦說中一個古今真理「相對論」，統治者把臣民當犬馬，臣民也會把領導當路人。當人民被壓迫到活不下去時，則「予及女偕亡」，「女」古意通「汝」，大家就一起死吧！姜太公不是早已說過，「給人民帶來災難的，人民必以災難回報他。」歷史實例太多了，「民心」真的存在，人民的眼睛也真的是雪亮的。

但所謂民心存在、眼睛雪亮，它並不是一種定律，我們讀高中物理時，老師都說「沒有例外」才是定律。事實上，包含牛頓三大定律、愛因斯坦的理論，現代科學已發現在宇宙某些地方不適用，也就是例外。我的意思是要說明，「民心存在、人民眼睛雪亮」，已是一種「普遍性很高的理論」，而不是「定律」。相同或相似的「現象」不斷出現，即可建構成「理論」，理論允許例外或不能適用之處，舉例「天下烏鴉一般黑」，未必是，因有「白烏鴉」。人民眼睛雪亮雖有很高的普遍現象，但也有很多限制因素或例外，並非所有被壓迫的人民，都有「能力」和「覺性」，足以起來推翻壓迫人民的壞蛋統治者。

以台灣割讓倭國為例，當時的「民心」普遍不願意，相信他們眼睛也是雪亮的。但零星的民兵不是日本正規軍的對手，日本以恐怖屠殺政策配合高壓嚴控統治台灣，以下剪報只是案例之一。一個「噍吧哖事件」，一九一五年（倭國已據台二十年了）發生在台南玉井，被屠殺一千多人，判刑一千多人。日本人在台南進行「清庄」，也就是全庄不論大人小孩全殺，不留活口，可見事件之慘烈，人民的眼睛怎樣的雪亮能奈何！

➡抗日義勇軍與日軍決戰的古戰場虎頭山，立有主事者余清芳的紀念碑。　圖／吳淑玲

人間福報　一○一五．六．九．

【本報台南訊】噍吧哖事件今年滿百年，雖是台灣在日據時期規模最大、死傷最多的武裝抗爭事件，但受關注程度不及被拍成電影的霧社事件；事件發生地的台南市政府委託學者，首度找出受難者名單，將在八月二十二日百周年紀念活動中公開，讓後人憑弔。

台南市文化局表示，一九一五年的噍吧哖事件在台灣歷史上有重要意義，當時是漢人武裝抗日最大規模的事件，與霧社事件由原住民主導不同；但多年來研究不多，至今連死傷人數都沒有確切數字。

文化局委託學者進行三年研究，從日據時期戶籍資料一筆筆核對，將受難者名單列出，目前找到亡者名單一千四百一十二人、判刑一千四百二十四人。負責研究的台南大學台灣文化研究所所長戴文鋒表示，因高雄市甲仙與杉林兩區資料遺失，死亡人數應該還要加三百人；無論如何，與日本總督府記錄的共三百零九人死亡有很大落差。

戴文鋒說，當時日人為了追剿余清芳的餘黨，擔心台南山區民眾濟助，而採「清庄」方式，全庄的人都殺；這些在過去都是傳說，但從戶籍資料發現，死亡最小的才一歲、最老八十一歲，全戶最多死亡二十八口，而這樣的家庭有近百戶，證實傳說，看出事件慘烈。

學者進行大規模耆老口述研究，對照文獻，找出許多有血有淚的故事，也讓冰冷的歷史有了溫度。

戴文鋒表示，像是當時住在左鎮的簡文草，一家八口被殺，他一人躲在左鎮山區，前後兩年被日人緊追不放，他擔心連累家人，抱浮木順曾文溪漂到西港，在當地人幫助下頂替死亡的黃憨犇身分，改名娶妻生子，但一直到死都想認祖歸宗。

改姓逃亡 第3代終圓夢歸宗

國民政府來台後，對改姓管制嚴格，簡家後人想從姓黃改回姓簡難如登天，經過三代努力，簡文草的孫子在民國八十八年才順利改回姓簡，但為了表示不忘黃姓恩德，仍有一房維持姓黃，為其傳延香火。

還有玉井一位王姓校長家中祭拜「余榮」牌位多年，他從奶奶口中得知是噍吧哖受難者之一，委託戴文鋒調查，才查出奶奶陳玉在噍吧哖事件之前嫁給「余盈」，但噍吧哖事件時全家都被抓，余盈被殺死，他們的幼子因無人照顧餓死，陳玉僥倖逃過之後改嫁王姓。

王姓後人有次夢到陌生人到飯桌上拿起雞腿就啃，家人大罵，陌生人卻瞪眼「你不知道我是誰嗎」；家人認為應是死亡的「余盈」回家爭地位，從此祭拜其牌位，卻誤把「余盈」寫為「余榮」（盈與榮兩字台語音相似），說也奇怪，王家之後事事順利，不再有怪事發生，在戴文鋒調查後，將牌位改回「余盈」。

南大台文所長戴文鋒（左）在地方人士陪同下，前往噍吧哖事件生還者簡文草曾躲藏兩年的台南市左鎮山區探查。　圖／戴文鋒提供

弔詭的事，今天台灣一些漢奸心態很嚴重的人，李登輝、陳水扁、游錫堃和很多被洗腦的年青一代，竟仍在懷念日人奴役的好，對日本人屠殺台灣人的慘況「故意」不看，故意不想；而對蔣介石為「保密防諜」政策，也確實有些冤死的（後來都平反並補償），不斷擴大醜化，完全不顧他光復台灣不也有功嗎？台灣人為何不對日本人「血債血還」，現在更是哈日媚日。由此也論證，台灣人的「民心」，因日本殖民的皇民化政策，被「異化」了，當了五十年奴才，至今尚未覺醒，很多人還不知道自己體內流著炎黃的血，還以為自己是日本天皇的臣民。所以，「三一一大災難」時，台灣無數天皇奴臣子民，共捐一百多億台幣，為救往昔奴役屠殺父祖的主人。

噍吧哖 血淚史曝光

漢人抗日事件百周年 南市託學者搜查 首度列出受難者名單

人间福報 2015.6.9.

噍吧哖事件

台南玉井舊名為「噍吧哖」，是鄒族居住地，1915年發生「噍吧哖事件」，余清芳、羅俊、江定3人以神主降世為由，建立「大明慈悲國」，號召農民抗日，攻打日警，並藏匿在虎頭山一代。最後一戰發生在現今玉井分局警察宿舍，義勇軍遭日方軍警圍剿，終告失敗，余清芳等近2000人被日方依「匪徒刑罰令」告發，其中判死刑高達866人，處決95名後遭各方輿論撻伐，其餘改判無期徒刑。

玉井區虎頭山下的竹圍里江家聚落，還留有百年前日軍焚燒房舍的遺跡。

台灣只能說例外的地方，民心被異化，乃至毒化，眼睛就亮不起來了。在世界上、歷史上，民心還是很正常的存在，人民的眼睛多數是雪亮的，否則就沒有所謂「近代三大革命」了！學忠以下小詩以鮮明的意象，體現民心也很傳神。（註六）

如今都在演戲

如今都在演戲
各戴各的面具
老百姓的眸子雪亮
一翹尾巴就知道屙啥屎
那幾個搖鵝毛扇的痞子
總以虔誠教徒自居
嘟嘟囔囔念的啥呀
非人言亦非鬼語……

有句話不唬你

說你對就對
說你錯就錯
麥克風拿在誰手裡
對錯由誰說

不過，有句話不唬你
也不是隨便說說
「決堤的江河
曾把龍王廟淹沒」

這些詩告訴人民心不是唬人的，全世界所有政權垮台、高高在上的領導一夜間淪為囚徒，乃至身死，書之不盡。被判死刑的法王路易十六、自殺的希特勒、吾國有上吊自殺的明崇禎帝、宋亡時跳海的帝昺（陸秀夫負帝溺於厓山），更多的只是被趕下台，改朝換代，領導換人當。凡此，都可以從「已失民心」找到充份解釋。所以，當人民對政府不信任時，這可是一個「危險的徵候」，這個政權要小心了。（詳見前面剪報〈台灣人最不相信政府官員〉）

民心和「民意」（Pubic Opinion）有很大的不同，民心是思想、哲學層次問題，接近形而上；民意是科學、政治層次問題，接近形而下。本文不詳述民意，但現代政府越來越重視民意，故略說之。

民意（或叫輿論），約略隱指公眾綜合之意見，西方有學者認為民意是政府唯一存在之基確，故有謂民主政治即民意政治者。惟民意之意義和內涵，殊難確認，主要在「公眾」一字並無客觀定義。

但很可怕，民意常被操弄或做假民意，生活在台灣的人一定知道，「自由時報」集團幾乎是「假新聞」、「假民意」的製造廠，許多人被毒化而不自覺。

目前有較多研究，認為民意是「多數之大眾、少數之意見領袖及極少數之政治決策分子，交光互影輻輳而成。」大眾之意見，通常是量重於質。不良的政治決策者或政客，常可鋪設民意、僭奪民意，乃至政商勾結，暗中操作民意，這之間很複雜也很秘密，一般人通常無感。例如，美國指稱伊拉克海珊有「毀滅性武器」，須以武力除之，正是軍火商、資本家、政客和好戰軍人，在神鬼不知不覺的操弄下，讓民意升火，等戰爭打完了，各方獲利已取得，誰還管有沒有什麼毀滅性武器！

從現實層面看，民意對政治影響日漸加大，主政者必須重視民意，又不被民意牽著走，這就是藝術和智慧了。王學忠這些詩反應底層生活民眾的民心，也反映了部分民意。所以各級領導們，若你有機會讀王學忠的詩，不僅看到民心，也見到民意，對施政、對人民，絕對是有利有益的。

註釋：

註一：管仲的〈牧民〉，趣者可自行找來參閱。管子春秋穎上（古屬鄭國、今安徽縣邑）人，以富國強兵之策，佐齊桓公九合諸侯，一匡天下，尊周室，攘夷狄。太史公贊曰：「將順其美，匡救其惡，故上下能相親也，豈管仲之謂乎！」

註二：《姜太公兵法》書店多有，趣者可自己找來看。姜太公即姜子牙，原名姜望，周代東海（今山東郯城北）人，人稱「太公望」、「呂望」。他是炎帝後裔，其先祖助禹治水，受封於呂，所以又名呂尚。他是中國古代第一名將，也是第一名相。周文王一系列的改革開放大政、典章制度，全由他制定和執行。牧野一戰，紂王兵敗自焚即是姜太公兵法的成就，中國完整統一的軍事哲學思想，也是從姜太公開始的。

註三：王學忠，《我知道風兒朝哪個方向吹》（北京：線裝書局，二〇一四年五月），頁三二一—三三。

註四：同三，頁一六七—一六九。

註五：大陸在夯馬列共產主義那些年代，只要馬列，不要孔孟，四書五經等全要丟入茅坑裡，不然很可能像一條狗被拉去宰殺。現在大陸知道「我是誰？」了！積極復興中華文化，趣者可自行找本《孟子》看。

註六：同註三，頁一四一—一四二。

第十四章　地球上最後的「黨國體制」實驗暨憶起那些回不去的輝煌！

黨國合一，以一黨治國領軍的體制，都叫「黨國體制」。現在的中國、兩蔣時代的台灣，以及目前北韓、越南、古巴，還有二十世紀那些共產國家，都是以一黨專政的黨國合一體制。各黨國體制所不同者，只是開放程度不同而已。黨國體制也講民主，但和西方民主政治意涵、實務制度等，則完全不同。

中華人民共和國是「一黨專政」嗎？依法律除共產黨以外尚有：中國致公黨、中國農工民主黨、中國國民黨民生促進會、中國國民黨革命委員會、台灣民主自治同盟、九三學社、中國民主同盟、中國民主建國會。而同時期，在台灣除國民黨外尚有：青年黨和民社黨。（註一）

台灣民主自治同盟是唯一以台灣地區性組織，提昇成為「全國性組織」，與中央各黨派併列，謝雪紅有功焉。（註二）這是兩岸尚未統一，台灣要有代表參與中央事務，革命環境須要使然。

所以，從法律（理論）上說，兩岸都是「多黨制」，實際是「一黨專政」，差別只是開放程度不同。可見得，法律和理論是一回事，實際執行又是另一回事，世事常如霧裡看花，不僅很弔詭且讓很多人看不清楚。

但「一黨專政」的好處多多，簡單的說是「集中意志、統一力量」，全國像一個完整的有機體，中央一聲令下，全國就動起來，為共同目標而奮鬥。沒有什麼貪污腐敗的事，好像大家也少在追求私利。那是一個輝煌的時代，讓人感動的時代，現在兩岸都「回不去」了，像我和學忠都走過這樣的時代，現在只剩回憶，學忠在詩裡的感慨我很能同理共感。回憶過去的「理想國」，如同回憶童年時代的快樂，越來越遙遠、遙遠……

台灣地區在蔣經國臨終前解除戒嚴、解除黨禁（民國七十六年七月十五日零時六）。不久倭人孽種李登輝上台，開啟金權政治、貪污腐敗、台獨高漲，台灣陷入永不休上的分裂、鬥爭、沉淪，就一直亂、亂、亂……亂到現在，來台旅遊的大陸同胞說：「到了台灣，才知道文革還在搞。」讓我更懷念過去那段黨國一體的風光歲月，啊！回不去了！

大陸在改革開放後，黨的向心力、控制力必然減弱，加上相當程度的資本主義思想造成腐化，黨的「理想性」不斷流失，貪污腐化就是必然的結果。寫本文時，正好「周永康案」判決（如剪報），像這樣惰落腐敗的高幹，都是黨的理想性失去的結果，類似這樣的貪污大官，據說逃亡海外者還有幾百人，已透過法律引渡回來重辦，可喜可賀，

習打虎 周永康

受賄、濫權、洩密 巨貪認罪不上訴

2015.6.2.台灣.旺報

中共中央政治局前常委周永康 （中新社資料照片）

▲滿頭白髮的周永康在法庭上認罪 （新浪微博@央視新聞）

判無期

中共中央政治局前常委周永康被控受賄等案，天津市第一中級人民法院11日一審宣判，周永康被依受賄、濫用職權和故意洩露國家祕密罪，分別判處無期徒刑和有期徒刑7年、4年，三罪並罰，決定執行無期徒刑，剝奪政治權利終身，並處沒收個人財產。周永康是在大陸國家主席習近平任內被移送法辦，他在法庭上低頭表示，「服從法庭對我的判決，我不上訴」「我再次表示認罪、悔罪！」 新聞刊A2

為習主席贊嘆、加油！

黨的理想性流失也是大江東去，流走的浪花是回不來的。這時，肅貪防弊必須靠法律和制度維持運作，西方政黨的「防腐」機制，並不靠黨的理想性，而是靠法律和制度。這條路（指靠法律和制度肅貪防弊），中國還有很長如「蜀道」要走，我看到習主席的打虎決心，相信在他任內可以建立更好的典章制度。未來吾國依法辦案，王子犯法與民同罪，該拉去槍斃的就拉去砰砰，而不是指「誰是反革命份子」！

未來中國的政治制度改革，必須要「包容力大、立法執法要嚴」，包容各種不同聲音，但一切違法必須重辦，該槍斃就槍斃，尤其死刑不可廢，不可被西方列強牽著鼻子走。

黨國體制回不來了是好事，這表示我們一直向前走，走向廿一世紀「中國人的世紀」，吾國須要更好的制度，才能做為領導國際的強大國家。那些回不去了的黨國輝煌，分別留在王學忠和我的心中，做為這輩子最富理想性的夢。他懷念著共產黨建黨時的理想，及一些輝煌的戰果；我懷念著國民黨領導抗日之不朽史章，懷念台灣兩蔣時代的團結精神，上下一心為「反攻大陸」而努力，那時人生和國家都有目標。我和學忠回憶著不同的夢，用著相同的詩人作家之真性情，我自信，我和他的情操一樣可貴，我對我曾經的信仰，不能忘記；王學忠對他曾經的信仰，他賦詩高歌〈不能忘記〉。（註三）

不能忘記

那段恥辱史
不可一世的皇上老子
變成了孫子
跪在洋人腳下
叩頭、作揖
賠款、割地
只要洋人樂意
可隨時奸淫我們的姊妹
殺死我們的兄弟
還要用手指著骨頭說
這就是奴隸

不能忘記
那年是一九二一
嘉興南湖的一條船上
十三雙手攥一起
面對鮮艷的

鐮刀和鐵錘的旗
莊嚴宣誓
為了中國人民的站起
不再做奴隸
把生命交給黨
死留給自己

不能忘記
那些犧牲的同志
為了讓人民過上好日子
他們選擇了死
有的毅然走向絞架
有的在刑場上舉行婚禮
用鮮血和生命
寫下這樣的詩句
「在敵人的屠刀下
我不會滴一滴眼淚」

「戰士的墳場
比奴隸主的莊園更美麗」

不能忘記
我們終於迎來了那一日
人民站起來了
中國揚眉吐氣
「人民萬歲」
響徹環宇
鐵路、郵電、醫院
公、檢、法、司
從此，擁有了一個共同的名字
人民、人民
人民有了自己的國家
人民掌握了印把子

不能忘記

那時領袖和人民在一起
吃一樣的飯
穿一樣的衣
全心全意為人民服務
不論職位高低
焦裕祿、王進喜
雷鋒、向秀麗
這是一群幹部的名字
工人的名字
戰士的名字
他們都懷著一個信念
為共產主義事業奮鬥到底

不能忘記
那時的工廠不改制
土地不姓私
工人老老實實做工

農民勤勤懇懇耕地
最時髦的一句話
「勞動者最美麗」
人民大會堂裡
一群泥腿子
與共和國總理
一起討論下一個五年計劃
孩子的教育問題
百姓的福利問題

不能忘記
那時發展經濟不講GDP
大小國企千萬家
都遵守法紀
河水清澈如鏡
天空湛藍似玉
沒有工業廢水肆意排放

黑煙滾滾遮天蔽日
嗆死圈裡的豬
毒死池塘裡的魚

不能忘記
一群站起來的人們
又跌倒在地
工人下崗
農民失地
再次淪為奴隸
土豪、精英
歡天喜地
只要他們樂意
可隨時強暴我們的思想
我們的身子……

這首詩跨越時間很長，從滿清末年到現在。很震撼的是，中國人經過百餘年犧牲奮鬥，竟回到原點或更慘。百餘年前，被洋人奴役，當洋人奴隸；現在又淪為奴隸，還被自己人（土豪、精英）奴役，讀者看倌說說，是不是更慘？百年努力成了白做工，是嗎？

詩人以八個「不能忘記」，個個緊扣，像八枝禪宗巨棒，一棒棒夯在你腦門上，你不醒都不行。第一段應是鴉片戰爭後到清亡那段亡國史，中國人的民族自信心徹底崩解，成了洋人的奴隸，連狗都不如。啊！那是中國人劫數難逃呢！

第二段是共產黨在一九二一年建黨理想，就是為了中國人民站起來。十三雙手是浙江嘉興南湖開會時，出席的十三個代表：陳公博、包惠僧、李漢俊、李達、董必武、陳潭秋、毛澤東、何叔衡、鄧恩銘、王盡美、周佛海，加上兩個第三國際代表馬林和吳廷康。（註四）建黨之初，人人懷著理想，同志也為理想而活而死。

第三段應是建黨後到一九四九年，國共鬥爭、內戰，包括國民黨「清黨」、五次圍剿（中共叫長征）、抗戰勝利後的全面內戰。雙方陣營都死了很多人，至少數百萬同志（雙方）死難，他們都是成仁取義者。第四段是歷來動人的一刻，王學忠念念不忘的那一刻，一九四九年九月廿一日，毛澤東發表〈中國人民站起來了〉演說：

……中國人從此站起來了。中國人從來就是一個偉大的勇敢的勤勞的民族，只是在近代是落伍了。這個落伍，完全是被外國帝國主義和本國……慶賀中華人民共和國的成立！

慶賀中國人民政治協商會議的成功！（註五）

從此以後，國家和政府都屬於人民的，所有的單位都高高把「人民」舉起，照理說該是「民有、民治、民享」才是。但為何國家是人民所有，最後人民又淪為奴隸？而所有的地方依然高舉著人民招牌，難不成是舉假的！

也不是假的，曾有一段時間是真的，那是改革開放之前。那確是一個偉大的時代，領袖和人民一起吃飯，全國上下不分職位高低，都在為一個共同目標而努力。這個景像，如同蔣經國搞十大建設時代，每天看到他穿一件夾克，在工地、農村、工廠，和工人們在一起，那時台灣也有「向雷鋒學習」這種故事。第六、七段大致相同的背景，也都回不去了，如童年的美夢。

不可思議的第八段，一群站起來的人又跌倒，淪為奴隸，奴役者還是自己人，這一切要怪誰？怪這地球上最大的黨國體制，正在進行一種「體制實驗」，那些淪為奴隸的人，只能說是這樣實驗下的犧牲者。既然打開了競爭的黑盒子，必然有厲害的角色成為贏家，更多的弱勢者成為輸家！

從「發展」概念解釋，所謂「有中國特色的社會主義」或「改革開放」，都是一種「實驗」，因為過程的變數不易掌控，結果也不能預測。小平同志才說「摸著石頭過河」「不管白貓黑貓，會抓老鼠就是好貓」這些話，這些說法都在告訴人民，「我們正在實驗一種新的國家體制」，可以長久給中國人用的政體。

為什麼中國要換一種新的國家體制？難道一九四九年建立的「共產主義體制、人民民主專政」不好嗎？毛澤東在〈中國人民站起來了〉一文強調：（註六）

我們的人民民主專政的國家制度是保障人民革命的勝利成果和反對內外敵人的復辟陰謀的有力的武器……只要我們堅持人民民主專政和團結國際友人，我們就會是永遠勝利的。

從一九四九年建國開始堅持人民民主專政，到小平同志提出「有中國特色的社會主義」，等於是揚棄馬列共產主義。為何要揚棄？內外因素很複雜，簡言之是「馬列死路走不下去了，要改走活路」，就這麼簡單。看起來這麼簡單的事，卻從毛澤東到鄧小平都還沒實驗完畢！一九七九年三月，鄧小平在〈理論工作實務會〉，首次提到要「走出一條中國式的現代化道路」。（註七）至一九八二年九月，「十二大」的決議就是「建設有中國特色的社會主義，這就是我們總結長期歷史經驗得出的基本結論。」（註八）這一步走了三十三年，但實驗尚未得出「結果」。西方世界都不看好，中國人繼續實驗！

又實驗了二十二年，直到二〇〇五年十月十九日，中國國務院發佈了「中國式民主政治白皮書」，向全球宣告，地球上除西方民主政治、伊斯蘭民主政治外，另一種民主政治典範在中國形成了。「中國式民主政治」到底是什麼？是不是馬列？是不是社會主義？西方各國仍然不看好（這是當然，他們期待中國明天就垮台，像前蘇聯一樣解體。）不看好就不看好！中國人自己要有信心，要團結自強！中國人只要看好王學忠的詩，〈永不投降〉。（註九）

信仰是漆黑夜皎潔的月亮
茫茫雲海噴薄欲出的朝陽
一個民族不能沒有信仰
一個國家不能沒有信仰
信仰——
凝聚著「力拔山兮氣蓋世」的力量
我們的信仰是馬列主義
為了普天下窮苦人翻身解放
幸福可丟棄、生命不懼亡
化作——
巴士底監獄的血與火

南昌城頭的刀和槍

「從來就沒有什麼救世主」
血與火、刀和槍的較量
迎來「翻身農奴把歌唱」
中國人民從此站起來了
不！要警惕呀
那個失敗的階級復辟的夢想

政治、經濟、文化、教育
廣播、電視、講台、廣場
一顆顆糖衣裹著炮彈
炸得日月沒了光茫
不！不——
昆侖、太行依然高聳不屈的脊梁

朝著社會主義方向

前進——
眼前閃過一串英雄的形像
劉胡蘭、董存瑞、黃繼光
楊水才不倒的小車
王進喜工裝上的泥漿散發著油香

一道道生命之光在天空閃亮
不！歷史的恥辱柱上
也有幾個名字不能忘
賈似道、秦檜、李鴻章
他們卑躬的軀體
給血淚中華又增添幾分蒼涼

三岔路口要辨清方向
英特耐雄納爾
是每一個中國共產黨人的理想
權為民所用

利為民所謀
繼續革命、永不投降……

我看到王學忠這首詩，我又再一次感動，他怎麼和我一個樣？我懷念著過去國民黨的豐功偉業，惦念著、不甘心三民主義被丟入歷史的灰燼，那曾經是我的愛我的信仰，如今回不去了；而學忠兄，他牽掛著過去共產黨的革命大業，忘不了曾經信仰的馬列主義，憂心著社會主義往何處去！啊！兄弟！我們怎麼老忘不了「舊情人」！

這首詩也讓我更清楚的看到，「中國民間信仰」在大陸的流失多麼嚴重！現在六七十歲以下的人，對所謂「中國民間信仰」可能是一片空白的，經過半個世紀的「去中國化」，凡屬「中國的」和「中國民族」的東西，被徹底破壞，要恢復是不容易的。以近十多年來我參訪大陸所見，目前僅存在大陸的儒、佛、道諸家寺廟宮等，基本上還是被當成賺錢的工具，頂多做文化象徵賣門票賺錢，完全不能成為一般人民的信仰道場。

為了讓這一代的中國人知道，吾國吾族自古以來的民間信仰多麼發達，我特地編寫一本長達七百頁的《中國神譜》。該書介紹中國人自古以來的信仰眾神，有元始天尊、彌勒佛、清水祖師、玉皇大帝、關聖帝君、臨水夫人、福德正神、九天玄女、三山國王、保生大帝、聖母、佛祖、觀世音……數百眾神。（註一〇）中國人的生活都離不開宗教信仰，就是什麼都不信的人，清明還是會祭祖。中國人重視人神的交流聯誼，全年每月都有宗教活動，各行各業有敬拜的神，歷史上的聖賢有德之人都是我們禮敬的神。（如下）

農曆諸神佛誕辰千秋表

正月令：

正月初一日 元始天尊萬壽
正月初一日 彌勒尊佛佛辰
正月初四日 孫天醫真人千秋
正月初六日 清水祖師佛辰
正月初八日 五殿閻羅王聖誕
正月初九日 玉皇上帝萬壽
正月十三日 關聖帝君飛昇
正月十五日 門神户尉千秋
正月十五日 上元天官聖誕
正月十五日 臨水夫人陳靖姑千秋
正月廿四日 雷都光耀大帝聖誕
正月廿五日 武德尊侯沈祖公聖誕

二月令：

二月初一日 一殿秦廣王千秋
二月初二日 濟公菩薩佛辰
二月初二日 福德正神千秋
二月初三日 文昌梓潼帝君聖誕
二月初八日 三殿宋帝王千秋
二月十五日 九天玄女娘娘聖誕
二月十五日 太上老君萬壽
二月十五日 精忠岳王千秋
二月十五日 三山國王千秋
二月十六日 開漳聖王千秋
二月十八日 四殿五官王千秋
二月十九日 觀世音菩薩佛辰
二月廿一日 普賢菩薩佛辰

三月令：

三月初一日 五殿楚江王千秋
三月初三日 玄天上帝萬壽
三月初八日 六殿卞成江王千秋
三月十五日 保生大帝吳真人千秋
三月十五日 中路財神趙元帥聖誕
三月十六日 準提菩薩佛辰
三月十九日 太陽星君聖誕
三月二十日 註生娘娘千秋
三月廿三日 天上聖母聖誕
三月廿六日 鬼谷先師千秋
三月廿七日 七殿泰山王千秋
三月廿八日 東嶽大帝聖誕

四月令：

四月初一日 八殿都市王千秋
四月初四日 文殊菩薩佛辰
四月初八日 釋迦佛祖萬壽
四月初八日 九殿平等王千秋
四月十四日 呂純陽祖師聖誕
四月十七日 十殿輪轉王千秋
四月十八日 北極紫微帝君千秋
四月十八日 華陀神醫先師千秋
四月廿一日 李托塔天王聖誕
四月廿五日 武安尊王千秋
四月廿六日 南鯤鯓李王爺千秋
四月廿七日 南鯤鯓范五王爺千秋
四月廿八日 神農先帝萬壽

五月令：

五月初一日 南極長生帝君千秋
五月初六日 清水祖師成道
五月初七日 巧聖先師千秋
五月十一日 天下都城隍爺千秋
五月十三日 關平帝君聖誕
五月十七日 蕭府王爺千秋
五月十八日 張府天師聖誕

六月令：

六月初三日 韋馱尊佛佛辰
六月十一日 田都元帥千秋
六月十五日 王靈天君聖誕
六月十八日 南鯤鯓池二王爺千秋
六月十九日 觀世音菩薩得道紀念
六月廿四日 關聖帝君聖誕
六月廿四日 西秦王爺千秋
六月廿四日 雷祖大帝聖誕
六月廿四日 南極大帝聖誕

七月令：

七月初七日 七星娘娘千秋
七月初七日 大成魁星聖誕
七月十四日 開基恩主千秋
七月十五日 中元地官聖誕
七月十八日 王母娘娘聖誕
七月廿三日 諸葛武侯千秋
七月廿三日 法主聖君千秋
七月廿四日 鄭延平郡王千秋
七月三十日 地藏王菩薩佛辰

八月令：

八月初三日 北斗星君聖誕
八月初三日 九天司命灶君千秋
八月初五日 雷聲普化天尊聖誕
八月初八日 瑤池大會
八月十五日 臨水夫人林姑千秋
八月十五日 太陰星君聖誕
八月十五日 南鯤鯓朱四王爺千秋
八月廿二日 燃燈古佛萬壽
八月廿二日 廣澤尊王千秋
八月廿三日 邢天王爺千秋
八月廿七日 至聖先師孔子聖誕

九月令：

九月初一日 南斗星君聖誕
九月初九日 臨水夫人李姑千秋
九月初九日 中壇元帥千秋
九月初九日 酆都大帝聖誕
九月初九日 斗母星君聖誕
九月初九日 九皇大帝聖誕
九月十三日 孟婆尊神千秋
九月十五日 朱聖夫子聖誕
九月十五日 南鯤鯓吳三王爺千秋
九月十八日 倉聖先師千秋
九月十九日 觀世音菩薩出家紀念

十月令：

十月初五日 達摩祖師佛辰
十月初十日 水僊尊王千秋
十月十二日 齊天大聖佛辰
十月十五日 下元水官大帝聖誕
十月廿二日 青山靈安尊王千秋
十月廿三日 周倉將軍爺千秋
十月廿五日 感天大帝許真人千秋

十一月令：

十一月初四日 安南尊王千秋
十一月十一日 太乙救苦天尊聖誕
十一月十九日 九蓮菩薩佛辰
十一月廿三日 張仙大帝聖誕
十一月廿七日 董公真仙聖誕

十二月令：

十二月初四日 三代祖師聖誕
十二月初六日 普庵祖師聖誕
十二月初八日 釋迦文佛成道
十二月十六日 福德正神千秋
十二月廿四日 送神
十二月廿五日 天神下降
十二月廿九日 南斗北斗星君下降

各行業的祖師

醫院、醫生藥材業：
供奉的是—神農或是黃帝、崎伯、孫思邈、韋訊道。
布疋業、縫衣業、絲織業：
供奉的是—軒轅帝、嫘祖。
建築、木材、手工藝業：
供奉的是—有巢氏、魯班。
飯館茶樓業：
供奉的是—灶君，一稱瑩惑真君。
書店、印刷業：
供奉的是—倉頡、馮道或文昌君。
玉石業：供奉的是—白衣神。
金銀業：供奉的是—歐歧佛。
銅鐵業：供奉的是—氈探老祖。
錢莊業、銀行業：供奉的是—趙玄壇。
酒業：供奉的是—儀狄、杜康。
漁業：供奉的是—宿沙士。
旅館、旅行社業：供奉的是—關羽。
屠宰業：供奉的是—張飛。
筆業：供奉的是—蒙恬。

紙業：供奉的是—蔡倫。
硯業、墨業：供奉的是—子路。
丹青（畫家）業：供奉的是—吳道子。
京戲業：供奉的是—喜神唐明皇、老郎神。
理髮業：供奉的是—羅祖。
竹蔑業：供奉的是—綠衣女。
陶器、煤窯業：供奉的是—昆吾氏、李耳、郭公。
茶葉業：供奉的是—陸羽。
油漆業：供奉的是—虞氏。
皮業、鞋業：供奉的是—白頭兒佛、孫臏。
針業：供奉的是—劉海。
洗衣、染織業：供奉的是—梅葛仙。
豆腐業：供奉的是—劉安。
爆竹業：供奉的是—馬鈞。
刻字業：供奉的是—王維。
紮彩業：供奉的是—王道子。
相命、陰陽、堪輿業：供奉的是—麻衣仙。
僕役業：供奉的是—鐘三郎。
妓女業：供奉的是—管仲。
叫化業：供奉的是—韓熙載。

「一個民族不能沒有信仰／一個國家不能沒有信仰」，中國人自古以來的信仰是「民間眾神」，神州大地各類廟宇千萬處，不離儒、佛、道，或大多這三家的溶合，所以吾人才說「儒佛道是中華文化的三個核心價值」；而不是什麼馬列主義，馬克斯、恩格斯、列寧是何許人？我們為何不信孔孟，去信馬列？？

我和王學忠都贊頌著「中國人民從此站起來了」，為了這個目的，不僅僅是共產黨在奮鬥，國民黨也在奮鬥。乃至從孫中山領導革命，黃花崗七十二烈士及歷次起義死難同志，不也是為這個理想而奮鬥。國民黨領導抗日犧牲最為慘重，把對日抗戰階段劃分如下。

抗戰前期：九一八、一二八、長城、百靈廟戰役。

戰略守勢：七七、淞滬、太原、徐州、武漢會戰。

持久作戰：南昌、隨棗、桂南、棗宜、豫南、上高、晉南及三次長沙會戰。

聯盟作戰：浙贛、鄂西、常德、豫中、長衡會戰及滇緬遠征軍作戰。

反攻作戰：桂柳、豫西鄂北、湘西會戰及緬北遠征軍作戰。

這不過舉其大要，尚有很多小型、敵後作戰。抗戰殉國的將領：七個上將、五十六個中將、二百零五個少將，校尉級軍官不計其數，陣亡士兵約四百萬人。（註一一）

讓中國人民站起來，這不光是共產黨的理想，也是國民黨和所有中國人的理想。學忠在多首詩中寫到「權為民所用、利為民所謀」，如〈永不投降〉和〈學習雷鋒〉，由於現實環境使然，這個重責大任在共產黨人身上。甚至未來「中國夢」能否實現？能否迫使美帝勢力退出亞洲？兩岸能否完成和平統一？美日能否將琉球群島和平交還吾國？都要靠共產黨人，國民黨只能配合配合而已！

在歷史的恥辱柱上，也有些不能忘記的名字，賈似道、秦檜、李鴻章，還有呢！汪精衛……還有像周永康這類人……還有像李登輝、游錫堃、陳水扁、吳淑珍等腐敗惰落充滿漢奸奴才思想的台獨份子。未來春秋史官會有一份「台獨、漢奸罪人錄」，他們都會榜上有名。

從一九四九「人民民主專政」，到一九八二「有中國特色的社會主義」，再到二〇〇五年「中國式民主政治」，本質上都是一黨執政的「黨國體制」。儘管西方世界仍不看好，但中國人絕不放棄，絕不投降，「中國式民主政治」一定要實驗成世界典範。（註一二）

我深入研究中國歷史文化和東西方政治制度，發現西方民主政治、兩黨或多黨政治，完全不能適用在中國，都只會造成或加速國家分裂。孫中山那套是以美國為模本，也只能參考，只有正在實驗的「中國式民主政治」合於現在中國國情。若中國現在照搬西方民主政治來用，新疆、西藏、台灣……必將加速分裂，崩解成歐洲列國亦有可能。是故，一黨執政、黨國體制、大一統要再堅持三十年以上，此期間把依法而治的典章制度建立起來，廿一世紀乃至廿二世紀，才會是中國人的世紀。

註釋：

註　一：各黨派背景、詳情參閱拙著，《中國近代黨派發展研究新詮》（台北：時英出版社，二〇〇六年九月），相關章節。

註　二：關於謝雪紅和「台盟」參閱拙著，《奴婢妾匪到革命家之路：復興廣播電台謝雪紅訪講錄》（台北：文史哲出版社，二〇一四年二月）。

註　三：王學忠，《我知道風兒朝哪個方向吹》（詩歌卷）（北京：線裝書局，二〇一四年五月），頁一〇〇—一〇四。

註　四：陳福成，《中國近代黨派發展研究新詮》（台北：時英出版社，二〇〇六年九月），第一章。

註　五：《毛澤東選集》第五卷，北京：人民出版社，一九七七年九月。頁三—七。

註　六：同註五。

註　七：《鄧小平文選》（北京：人民出版社，一九八三年七月），頁一四九。

註　八：鄧小平，〈十二大開幕詞〉，同註七書，頁三七二。

註　九：同註三，頁一一四—一一六。

註一〇：陳福成，《中國神譜：中國民間信仰之理論與實務》（台北：文史哲出版社，二〇一二年元月）。

註一一：以往大陸宣傳對日抗戰都是共產黨打的，據聞現在大陸已在慢慢公佈真相，市面上也出現少許研究抗戰的書。這是好現象，歷史真相一定要讓人民知道，是便是，非便非，有便有，無便無，才是一個有希望的民族。殉國將領資料來源，何應欽上將，《日軍侵華八年抗戰史》，忠烈祠入祀名冊。

註一二：陳福成，《找尋理想國：中國式民主政治研究要綱》（台北：文史哲出版社，二〇一一年二月）。

第十五章 好官和壞官、好人和壞人

「孔子成春秋而亂臣賊子懼」，懲惡，須高調將惡人罪狀公諸天下，使其永世不得翻身，亦警示後人。貪官，終究跑不掉，像周永康、林益世。

林益世貪污案是台湾近年次於扁案的第二大案
中國时報 2012.10.25

羈押11月1日到期

▲行政院前祕書長林益世羈押期限11月1日到期，圖為日前被提訊時林穿著拖鞋、戴上手銬步出土城看守所。

（本報資料照片／陳信翰攝）

中國時報.

林益世涉貪起訴 最高無期徒刑

2012.10.26

母妻舅 隱匿、洗錢 全部入罪

蕭博文、陳志賢、王己由、林偉信／台北報導

前行政院祕書長林益世涉嫌收受地勇選礦負責人陳啟祥六千三百萬元賄款，協助取得爐渣合約，今年再度索賄八千三百萬元遭拒，因不斷追索而導致陳啟祥爆料，全案曝光。特偵組昨依違背職務收賄等四罪起訴林益世，最重可處無期徒刑。林母沈若蘭參與且知悉兒子收賄，被列為貪汙共犯起訴，彭愛佳、林的舅舅沈煥璋、沈煥瑤被依洗錢等罪起訴。

台北地院歷經三小時的庭訊，法官認為林涉犯違背職務收賄等四項罪名，犯罪嫌疑重大，涉案情節既廣且深，雖然主觀上有相當強烈逃亡動機，但可用具保替代羈押，諭知新台幣五千萬元交保，並限制住居、限制出境，每晚七至九時到住所轄區松山分局中崙派出所報到。到今凌晨林家覓保無著裁定羈押。法官表示，檢察官等當事人如果不服交保處分，可在五日內提出「準抗告」；林益世家人何時籌到交保金，隨時都可辦理交保。

林益世案被告一覽表

被告	職稱	罪名	備註
林益世	行政院前祕書長	違背職務行為收受賄賂	最高無期徒刑
		隱匿貪汙所得	
		對於職務上行為要求賄賂	
		財產來源不明	五年以下有期徒刑、拘役或併科罰金
沈若蘭	林益世母親	違背職務行為收受賄賂	最高無期徒刑
		隱匿貪汙所得	
		損害債權罪	二年以下有期徒刑
彭愛佳	林益世妻子	洗錢罪	七年以下有期徒刑
沈煥璋	林益世舅舅	洗錢罪	七年以下有期徒刑
沈煥瑤	林益世舅舅	洗錢罪	七年以下有期徒刑
		損害債權罪	二年以下有期徒刑

法官晚間九點開庭，林益世對四項罪名全部不認罪，強調立委任內收受陳啟祥六千三百萬元只是選民服務，為地勇公司去協調轉爐石；他也不記得政院祕書長任內，為什麼會提到「3323」這個數字。

特偵組共查扣犯罪所得新台幣兩千萬元、美金卅一萬七千五百元，建請法院沒收；沈若蘭用金爐燒毀的美金九十五萬元與未扣案的三百萬元，也請法院依法追繳。而林益世因無法解釋從妻子、舅舅銀行保管箱扣得的一千五百八十萬元來源，成為首名被依財產來源不明罪起訴的被告，可疑資金恐遭沒收。

因錄下林益世收賄索賄證據的陳啟祥及其女友程彩梅，雖然被列為行賄罪被告，但考量特偵組若處分緩起訴有法律爭議，因此將兩人發交高雄地檢署偵查。

而高雄市議會副議長蔡昌達與天山資材董事長顏萬成涉嫌施壓高市環保局，涉嫌藉勢或藉端勒索財物未遂罪，與是否有外界指稱的「攔路虎」介入？仍由特偵組追查。

至於副總統吳敦義不斷遭影射與林益世案有關，但特偵組調查林益世收賄款項並無外流，林益世測謊時對是否把錢分給其他人、有無分給高官等均通過測謊；名嘴爆料吳敦義去年與林益世共赴中鋼公司與董事長關室密談也純屬不實傳聞。

特偵組指出，林益世立委期間收受六千三百萬元賄賂，並在行政院祕書長任內索賄八千三百萬元，依「實質影響力」說認定為違背職務收賄與職務上要求賄賂，沈若蘭雖不具公務員身分，但和林益世為共同正犯，被列為違背職務收賄共犯，沈若蘭還被查出另涉損害債權案另遭起訴。

林益世案六月間爆發後，特偵組經過近四月偵辦，發動五次搜索共計卅三處地點，傳訊八十餘人，其中包括林父林仙保、吳敦義小姨子郝英嬌，但都被排除涉案可能，經濟部長施顏祥也經傳訊協助偵辦。

（相關新聞刊A2、A3）

為什麼要把曾經權傾朝野的大貪官林益世，他的罪狀和戴手銬步出看守所神情，放置本文之前？除了我認為「獎善懲惡」都必須「高調」外，我還曾經把他當國民黨新生代最有希望的接班人，結果……

話說大約二〇一一到一二年春之間，林益世任行政院祕書長，這個位置責任重大，責任大權力也會大起來，當時他的形像好極了，可以說國民黨新生代最有希望的接班人。我在台灣大學的一班好友，呼朋引伴去聽他演講、造勢，也和他握手、照相。

不久，二〇一二年六月間，他和整個家族的洗錢貪污案爆發了。原來，美好形像的臉皮底下，全部是不能聞問的惡臭大便。我和台灣大學一群朋友簡直不敢相信，然而那是真的！他的罪狀全都見光了，他太太彭愛佳，是電視台年青漂亮的女主播，暗地裡竟是「洗錢女王」，這些人就像周永康，若案子不爆發，大家就永遠以為他們是好人好官，把他們當仁人君子尊敬著、仰慕著！

說來人這種東西真是無厘頭，誰是好官？誰又是壞官？你今天的判斷認定，明天可能豬羊變色。就是每個人好了，或許自己也可以問自己「我是好人還是壞人？」「我這輩子幹了多少好事壞事？」。有一次，聽師父星雲大師說「四歲老翁」的故事，心有慽慽焉，因為自己到現在還搞不清楚幾歲啦！

有個年輕人遇到一位老先生，隨口問他：「老公公，您今年高壽？」老先生答說：「我今年四歲。」年輕人聽了很訝異，心想眼前這位老公公面皺髮白，少說也有八、九十歲，怎麼看也不可能四歲呀！

老公公說：「我年青時自私自利，做了壞事，坐了很久的牢房，那些渾渾噩噩的日子，完全不像活著。直到四年前，我碰到佛教，佛法教我慈悲為懷，才知道要樂善好施，這四年來是我生命中，真正有意義的日子，所以實在說，我只有四歲。」

我相信世上每個人，一輩子中做了許多事，不太可能百分百是「好事」，完全利益眾生；他可能或也一定做過「壞事」，到底是好人或壞人？或不好不壞的人！我們中國人老祖宗說過「蓋棺論定」的話，像周永康、林益世、李登輝這類奸惡之人，如果在他們死前一天，誠心悔過，痛改前非，他們算不算是個好人（至少好人免去地獄之苦）？

就真的有這種實例，一九四五年八月日本無條件投降後，日本女間諜川島芳子被補，新聞震驚各界，才終於知道她的「盧山真面目」。

原來，川島芳子本名「愛新覺羅．顯玗」，父親是大清肅親王善耆，在她六歲那年送給倭國川島浪速為養女，改名「川島芳子」。這事也叫人想不通，好好一個中國皇族的金枝玉葉，怎會送給倭寇當養女，唯一的解釋是眼見自己族國快亡了，能送的就送吧！國土都送人了，何在乎什麼皇族血肉！

這孩子長大了，一九三一年回到中國，改名「金壁輝」，開始他的「日本女間諜」生涯。她聰明漂亮又有手段，一九三三年她回到中國東北，收羅張宗昌舊部，竟變成這支漢奸部隊的司令，進行倭人「三月亡華」的準備工作，她是一流的情報人才，直到戰後被捕。從心理分析，這純粹是報復，她一定痛恨父母，痛恨祖國，全都對不起她，她要加倍報復！

萬萬沒想到，軍法官在最後審訊時問她：「妳到底是日本人還是中國人？如果是日本人，按蔣委員長以德報怨政策，妳可以遣返日本；如果是中國人，妳可能犯了通敵叛國罪，處唯一死刑。」真的！她回去是大英雄！同案被捕的李香蘭提出日人戶口證明，回去當上議員。

「我是中國人，道道地地的中國人。」軍法官連問三次，她三回都這樣說。結果在執行死刑前一晚，她香消玉殞在獄中，寫小說的、拍電影的，有文章可做了！

她終究選擇一死，或許她真想在最後才「蓋棺論定」，自己確是中國人，她要死在母親的懷裡，靈魂才能得到安息安慰吧！讀者客倌，你們說「顯玗」是好人還是壞人？

世上每個人，尤其那些當官的，當罪惡沒有爆發前，我們也許很難知道他的善惡正邪。學忠這首〈市長家的別墅真美〉，表現得絕妙有趣，隱涵很寬廣的弦外之意，一種詭異的氣氛，沒說市長好或不好。（註一）

別墅幽雅雄偉
白墻、飛檐、浮雕
紅瓦在朝陽下習習生輝

漫步小橋流水
芬芳沁人心扉
各種特色花卉
靜中有動、真實裡藏偽
富麗堂皇
中西文化文匯

別墅在翡翠中雄偉
客廳、臥室、廚房
吃的、用的、耍的
樣樣昂貴
小孫女頭上的白圈圈
與巴菲特侄子的千金一對
友人相贈
縱橫交錯的電子眼
晝夜不睡
堅盯著四面八方企圖入內的賊

別墅座落在西之東
遠離貧民窟嘈雜的喧佛
農民工、下崗者
汗涔涔、髒兮兮的衣著
熏鼻子嗆嗓子的臭味
最晦氣的
是突然闖在轎車前的上訪人
歇斯底里的嚷叫
臉是灰
美國科學家最新發現
靜與美
有利於智能的培育和發揮
市長家的別墅真美
遙相輝映
是政府大廈上的國徽

權力、權威、權貴
打造了和諧中國的靜與美……

第一段從外表描述市長家的別墅，至少應是台幣六千萬以上的格局，一個市長有這等財力嗎？**「眞實裡藏僞」**，表示輝煌的裡面有很多「偽」，假的，不能看的。

第二段描述別墅內部，提到小孫女頸上的白圈圈，友人相贈，與巴菲特侄子的千金一對，表示這禮物很貴重且來頭很大。這麼貴重的禮，裡面定有官商勾結，學忠沒寫我說出來的。第三段把別墅和貧民區隔開，市長家住在一個靜與美的地方。

第四段是很負面的感覺，現代中國社會和諧的靜與美，竟然建立在權力、權威和權貴的掌控基礎上。所謂的「利為民所謀，權為民所用」，是不是政治神話？所謂的「打貧反腐」是不是做做樣子？這些都是叫人產生聯想的疑問！

詩裡講到這位巴菲特是美國股神，他每年辦「慈善午餐」拍賣，所得協助美國貧窮者，這個精神中國的富豪要學習。但有一點我想不通，吾國的富豪不救自己同胞的貧窮者，反而花七千多萬台幣去和巴菲特吃一頓午餐，去救美國的窮人，不知道中國的富豪腦袋是不是不清醒，美國的窮人有中國多嗎？

再者，按「貧窮線」標準判斷，美國的窮人大概還有自用轎車，兩天吃一次牛排。中國的窮人，可能米飯還沒能吃飽，中國富豪們！醒醒吧！先救自己人！

與巴菲特午餐 陸企7138萬得標

2015.6.7. 人間福報.

【本報綜合外電報導】「股神」巴菲特一年一度舉行的慈善午餐拍賣周五結束，今年由中國網上遊戲開發公司大連天神娛樂（Dalian Zeus Entertainment）以兩百三十萬美元（約台幣七千一百三十八萬元）投得。

今次已經是「股神」第十六次舉行午餐拍賣，為加州的慈善組織Glide Foundation籌款，善款會用於協助舊金山露宿者及貧窮人士。本年的中標價仍然低於二〇一二年的三百四十六萬美元（約台幣一億七百三十八萬元）破紀錄出價，但高過去年的兩百一十七萬美元（約台幣六千七百三十五萬元）。巴菲特曾表示與他一起吃飯大約要花至少三個小時，餐桌上天南地北暢所欲言，唯一的禁忌就是問他下一步投資大計。

一個中國富豪（大連天神娛樂），花七千多萬台幣去和巴菲特午餐，說救美國窮人，中國窮人誰救？

股神慈善午餐 77.5萬起跳

【本報綜合外電報導】一年一度轉眼即至，巴菲特又要拍賣全世界最貴的午餐了。

這次慈善午餐是巴菲特第十六屆年度午餐拍賣，五月三十一日開始在eBay網拍，從二萬五千美元（約新台幣七十七萬五千元）起跳，截止時間是北美中部夏令時間周五晚上九時半（台北周六上午十時半）。

去年的新加坡富商得主出價二百一十六萬六千七百六十六美元（約新台幣六千七百一十六萬九千七百四十六元），和巴菲特一起共進午餐，比二〇一三年的一百萬零一百美元高出了許多，但遠低於二〇一二年寫下的三百四十五萬六千七百八十九美元最高紀錄。

人間福報

過去十五屆午餐拍賣，總額累積達一千七百九十萬美元，都捐給舊金山照顧貧民與街友的慈善基金會Glide Foundation。今年的定錘價只要相當於去年，巴菲特十六年的午餐拍賣總額就飆上二千萬美元。

拍賣得主最多可以帶七個朋友和歷史上最成功的投資者共進午餐。不過，與股神會晤進餐，唯一不能問的問題正是巴菲特下一筆要投資什麼，此外海闊天空，沒有不能談的題目，巴菲特也會花好幾個小時答覆提問。許多得主說，那幾小時如同上了一堂此生僅有的「投資&人生大師班」。

午餐地點通常是紐約曼哈頓鬧區的高檔Smith & Wollensky餐廳。巴菲特在這裡用慈善午餐，Smith & Wollensky覺得面子十足，也共襄盛舉，每回樂捐至少一萬美元給Glide基金會。

2015.6.2.

Glide基金會在舊金山為貧民與街友提供餐食、健診、職業訓練、復健與住房資助，每年預算一千八百萬美元，巴菲特的年度午餐拍賣所得是重要來源。巴菲特常誇Glide慈善成效卓著，說：「捐助Glide的人，從來沒一個覺得受騙。」

吾國歷史文化有兩個好的傳統。第一、每個朝代的好人好事、壞人壞事都會有記錄保存流傳後世，這對「獎善懲惡」發揮很大作用。如《尚書》、《春秋》、《史記》都是，在《史記．史記正義》曰：

> 古之帝王右史記言，左史記事，言為《尚書》，事為《春秋》。太史公兼之，故名曰《史記》。並採六家雜說以成一史，備論君臣父子夫妻長幼之序，天地山川國邑名號殊俗物類之品也。（註二）

中國的文學作品（中國「文學」包含文史哲政兵各種文論，如《孫子兵法》以及歷史上出現過的疏、書、記、序、碑、表、傳、檄、贊、論、文等，都是文學作品。）之豐富，等於撐起整個中華文化文明之巨廈。第二個好的傳統，是這眾多歷代的寫作者、記事者作家，他們有一種「文以載道」的精神，文人創作、詩人寫詩，各類作品，總要對這「道」有承載作用，有正面鼓舞加值作用，對真善美有維護作用。這「道」是什麼？不要說什麼道可道非常道，不就是一條道路嗎？就像「人民民主專政」走不通，改走「中國特色的社會主義」，再走「中國式民主政治」的大道。吾國大唐韓愈不過是「文以載道」的代表作家。（註三）

愈之所志於古者，不惟其辭之好，好其道焉爾。（〈答李秀才書〉）

讀書以為學，纘言以為文，非以誇多而鬥靡也。蓋學所以為道，文所以為理也。苟行事得其宜，出言得其要，雖不吾面，吾將信其富於文學也。（〈送陳秀才彤序〉）

夫所謂文者，必有諸其中，是故君子慎其實，實之美惡，其發也不揜，本深而末茂，形大而聲宏。（〈答尉遲生書〉）

將蘄至於古之立言者，則無望其速成，無誘於勢利……仁義之人，其言藹如也。（〈答李翊書〉）

身為一個作家、詩人、藝術家，看到白的寫白的，看到黑的寫黑的，這就是真性情；不能因利誘、迫害，就把黑的寫成白的，或把白的寫成黑的。中國歷史上所有的書寫者，不論他是史官或詩人，都重視這種真性情的維護，因為立言者要對歷史、社會負責。作家詩人的真性情是珍貴的情操，是不能失去的「名節」。

只有守住這樣的名節，你以作品去月旦品評當代名流正邪，以詩歌文論去臧否政商大員善惡，禮讚好官，批判壞官。這樣的人品詩品才能散發光熱，才夠「力道」，才有人看有人讀，這就是王學忠說的詩中要有「鈣」，當今中國文壇詩界真是「缺鈣」！看王學忠如何用他的春秋筆禮讚一個好官，賞讀〈我要入黨：賀優秀共產黨員李成瑞九十

大壽〉。（註四）

我要入黨
像您一樣
有中國
有些人丟掉了信仰
做了糖衣炮彈的俘虜
向資產階級屈膝投降的時候
依然胸懷革命理想

像您一樣
已是高官了
還把百姓記心上
冷暖痛癢
每一聲咳嗽、嘆息
都掛肚牽腸
您說：咱們的黨

大陸造豪華車 首次出口美國

▲5月22日，由VOLVO富豪汽車成都工廠生產的S-60Inscription掀開紅蓋頭。

5月22日，由VOLVO富豪（陸稱沃爾沃）汽車成都工廠生產的豪華轎車S-60 Inscription下線，並出口美國。大陸製造豪華車進美國市場，在大陸汽車工業史上屬首次，沃爾沃由此成為第一個從大陸向美國出口豪華車的製造商。

作為VOLVO富豪S-60系列的頂配車型，此次出口美國的車型是基於2013年在成都實現投產的S-60L的後續車型，該車與在大陸在售的車型在品質上沒有任何差別。首批S-60 Inscription即日起從成都工廠發貨，陸運抵達上海港後，經海運送達美國東西海岸的整車口岸，在經銷商展廳與美國消費者見面。旺報 2015.6.12.

VOLVO富豪成都工廠有兩個不同平台，可同時生產四款車型。VOLVO富豪汽車成都廠一期規畫年生產能力為12萬輛，S-60L長軸距版、2015款全新XC-60均在該工廠生產，同時成都工廠生產沃爾沃首款汽油版插電式混合動力車——S-60L智能E驅插電式混合動力。

是全心全意為人民的黨
當下，兩極分化
工農淚汪汪
貪污腐敗猖獗
傷了百姓的心
前蘇聯、東歐血的教訓
要常思常想

怎能忘，每年三月的兩會上
您都用帶血的聲音呼籲
盡快制定《國家公職人員財產申報公布法》
用法律的形式
拯救傷痕累累的國家
毛主席締造的黨
限制資產階級法權
打擊日益囂張的
那伙終於搭上資本主義末班車人的猖狂

在百姓眼裡
您確實也算高官了
堂堂共和國的部長
可您卻從不把自己看作官
仍是工人中的一個
農民中的一個
不同的地方
只是為黨工作的時間比別人多
黨齡比別人長

當下社會
流行著一種時髦思想
管他白貓黑貓
有錢便往手裡撈
有福自個享
您卻一件中山服

三十年了
還寶物似的穿身上
一日三餐
粗茶淡飯不改樣
卻把大把的錢
捐助給下崗工人
希望小學的孩子
貧困山區的老鄉
以及毛澤東思想的自覺宣傳員
《東方紅》《旗幟網》《烏有之鄉》

二〇〇八年的除夕早上
寒風吹打著雪花
吹打著孤獨無助和淒涼
您來到京城郊外的信訪村
用您其實並不算多的退休金
買光了附近超市裡的速凍水餃

一袋袋分給
寒冷與飢餓中的老人、孩子
使一個個暗淡的日子
出生絲絲光亮
告訴他們
要相信黨！

我要入黨
像您一樣
以《共產黨宣言》為準則
回望每一腳印子
是否印在社會主義大道上
共產主義事業
人民江山
不改色、不走樣
永遠鐵壁銅牆
獻出全部的智慧和力量……

▲《穿布鞋的馬雲─阿里巴巴成功的27個關鍵時刻》
作者：王利芬
▼《這就是馬雲：心中無敵，無敵於天下》
作者：陳偉
出版社：久石文化

我從馬雲看到光明面。
天學忠道出中國社會的黑暗面。

2015.6.14.
人間福報

文科生馬雲如何成功？

近年來除了賈伯斯的個人傳記外，最受矚目的莫過於阿里巴巴集團創辦人馬雲的成功故事。

點開網路書店博客來網頁，以關鍵字「馬雲」搜尋，尚不包括簡體書的版本，就有二十多本，尤其今年突然爆量，幾乎每個月都有「馬雲」新書上市，累計一至五月，從「語錄」談到「領導術」就有十多本。

若加上大陸的簡體版，恐怕多到連馬雲自己都分不清楚。他曾在《這就是馬雲》一書的序中寫道：「每次去機場我都很忐忑，因爲時不時又會冒出一本關於我的書。其實沒有一本書是我寫的，常會有人在機場買一本書讓我簽名，我很爲難，因爲很多時候我和他（她）一樣都是第一次看到這本書，也不清楚裡面寫了些什麼。」

撰寫《這就是馬雲》的作者陳偉原本是馬雲「杭州英語俱樂部」的學生，二〇〇八年加入阿里巴巴集團擔任馬雲助理一職至今七年，出版社爲了凸顯書的眞實性，強調這是身邊人所寫的第一手資料。

天下文化出版的《穿布鞋的馬雲》，作者王利芬也與馬雲有多年交情，她曾經是大陸中央電視台資深節目製作人兼主持人，二〇〇九年創辦北京優視米網路科技公司，今年馬雲創辦湖畔大學招生，王利芬是第一屆錄取學員。另一位作者李翔則是長期跟訪阿里巴巴，曾數次採訪馬雲，被許多人視爲馬雲最信任的記者。

王利芬在書中說，馬雲給她的啓發是「即使是文科出身照樣能開創與網路相關的事業」，「當時在網路成功的王志東、張朝陽、丁磊、馬化騰、史玉柱、李彥宏都是與電腦相關的理科專業出身……我熟悉的聯想柳總（柳傳志）也來自科學院……做爲英語教師、而且不懂技術的馬雲在網路的成功，讓我徹底改變了這個想法，既然學英語的可以做網路，那麼學中文的我也可以一試。」

從馬雲身上，王利芬看到的是「相信明天、不放棄努力」，這才是決定能否成功的關鍵。

二分法難以解釋世間萬象之真相，更不易定論事務之本質。所謂「好官和壞官、好人和壞人」，基本上是為論述方面所建立的一種「模型」。

王學忠在禮讚好官好人的同時，也批判了當前中國社會的黑暗面，**「貪污腐敗猖獗」**、**「拯救傷痕累累的國家」**，這是多麼重的「重詩」，如千萬斤重擔壓在讀者的心頭；我正好看到「馬雲」（如剪報），請他來幫忙舒解心中的壓力，希望馬雲的光明面能照到社會的暗處！

這像一首忠黨愛國者的籲天錄，看這景像，會不會以為是唐末、宋末、元末、明清之末代，才有可能貪污腐敗猖獗，呼籲豪傑志工起來「勤王」，拯救傷痕累累的國家。詩人看到了什麼樣的黑暗面？才會下這「重手」，說這重話？，生活在海峽天邊的我，只能從報紙媒體得知，我還是相信沒那麼嚴重！給自己一個安慰！

禮讚是一個可敬的好官李成瑞，第一段當很多人流失了信仰，早把黨的使命宗旨拋腦後，這老黨員還能保有理想性，這種情操最可貴。第二段先說李成瑞如何把人民放在心上，話鋒很快轉到第三段黑暗的角落，貪污腐敗傷民心，一不小心走上前蘇聯的路會很慘。第四段呼籲趕快制定公職人員財產公布法（台灣叫〈陽光法案〉），這真是救國藥方。第五段從平凡中看到一個不平凡的人，這要有相當智慧、悟力的人才做得到。這種道理在我往昔讀《金剛經》，以下經文不僅十分讚嘆，更是受用無窮，若能領悟一二，對人生境界的提昇幫助很大：（註五）

若菩薩有我相、人相、眾生相、壽者相，即非菩薩。〈究竟無我分第十七〉

所言一切法者，即非一切法，是故名一切法。〈同上〉

如來說莊嚴佛土者，即非莊嚴，是名莊嚴。〈同上〉

如來說諸相具足，即非具足，是名諸相具足。〈離色離相分第二十〉

《金剛經》說：「凡所有相，皆是虛妄。若見諸相非相，即見如來。」（註六）是很奇妙的，若李成瑞部長真的「擺一幅部長的樣子」，對大家說：「我是部長，你們是工人。」他便得不到尊重；反之，他說：「我是部長，我和你們一樣也是工人，是黨和國家的工人，所以我不是部長。」大家便更敬重他，敬重他是不平凡的部長。所以，當菩薩，與當部長、總理、主席、會長、教授、班長……根本是同樣道理。

第六、七段讚嘆這位不平凡的部長，他用微薄的退休金做出的布施行為，讓一個黑暗的地方生出絲絲光亮。吾人常言「一燈能照亮千古暗」，所以部長這盞燈不僅功德很大，也很重要，因為有你，人民才會相信黨，國家才有前途。

最後我要給讀者看倌吃一顆「定心存」，習近平主席上台兩年多，對內採取嚴厲的打貪行動，展開前所未有的反貪促廉浪潮，嚴辦很多大官。如下表。（註七）

中共「十八大」後遭撤職副部級以上官員一覽表
（2012年11月---）

人名	前職/原職	撤職/懲處時間
李春城	四川省原省委副書記 （中共「十八大」候補委員）	2012/12/06
衣俊卿	中央編譯局局長	2013/01/17
周鎮宏	廣東省委常委、統戰部部長	2013/02/08
劉鐵男	國家發展和改革委員會副主任	2013/05/14
蔣潔敏	國資委潭、主任 （中共「十八大」中央委員）	2013/09/17 2014/6/30開除黨籍
陳柏挽	湖北省政辦副主席	2013/09/19
季建業	南京市市長	2013/10/19
廖少華	遵義市市委書記	2013/10/31
許　杰	國家信訪局黨組成員、副局長	2013/11/28
郭有明	湖北省副省長	2013/11/30
陳安眾	江西省人大常委會副主任	2013/12/08
李東生	公安部原副部長 （中共「十八大」中央委員）	2013/12/20 2014/06/30開除黨籍
董名謙	湖南省政協副主席	2013/12/21
楊　剛	政協第十二屆全國委員會經濟委員會副主任	2013/12/27
李崇禧	四川省政協主席	2014/01/02
祝作利	陝西省政協副主席	2014/02/20 2014/08/06 開除黨籍和公職
金道銘	山西省人大常委會副主任	2014/02/27
沈培平	雲南省人民政府副省長	2014/03/12
姚木根	江西省副省長	2014/03/22
冀文林	海南省副省長	2014/03/28 2014/07/02 開除黨籍和公職
宋　林	華潤集團董事長、黨委書記	2014/04/17
申維辰	中國科協黨組書記	2014/04/24
譚柚偉	重慶人大副主任	2014/05/03
蘇　榮	全國政協副主席	2014/06/14
令政策	山西政協副主席	2014/06/19
杜善學	山西省副省長	2014/06/19

萬慶良	廣州市委書記 （中共「十八大」候補委員）	2014/06/27
王永春	中石油集團副總經理 （中共「十八大」候補委員）	2014/06/30 開除黨籍
徐才厚	中央軍事委員會前副主席	2014/06/30 開除黨籍
毛小兵	青海省委常委、西寧市委書記	2014/07/06 開除黨籍和公職
韓先聰	安徽省政協副主席	2014/07/12
陽寶華	湖南政協副主席	2014/07/15
張田欣	雲南省委常委、昆明市委書記	2014/07/16開除黨籍
趙智勇	江西省委常委、秘書長	2014/07/16
武長順	天津市政協副主席、市公安局局長	2014/07/20 接受組織調查
陳鐵新	遼寧省政協副主席	2014/07/24 接受組織調查
周永康	中共政治局前常委、前中央政法委書記	2014/07/29立案審查
譚　力	海南省委常委、副省長	2014107/30
姚木根	江西省副省長	2014/03/22
沈培平	雲南省副省長	2014/08/06開除黨籍
聶春玉	山西省委常委、秘書長	2014/08/23 接受組織調查
陳川平	山西省委常委、太原市委書記	2014/08/23 接受組織調查
白　雲	山西省委常委、統戰部長	2014/08/29 接受組織調查
白恩培	十二屆人大環境與資源保護委員會 副主任	2014/08/29 接受組織調查
任潤厚	山西省副省長	2014/08/29 接受組織調查
倪發料	安徽省副省長	2013/06/04
郭永祥	四川省文聯主席	2013/06/23
王素毅	內蒙古自治區原黨委常委、統戰部部長	2013/07/03
李達球	廣西壯族自治區政協副主席	2013/07/13
李華林	中國石油天然氣集團公司副總經理	2013/08/27

照前表看，壞官壞人都辦的差不多了，剩下是好官好人，「中國夢」的實現才更有機會。把貪官壞蛋辦了，希望吾國傷痕累累的痛，可以很快恢復元氣，向前走，人民江山，不改色，不走樣！

註　釋：

註一：王學忠，《我知道風兒朝哪個方向吹》（詩歌卷）（北京：線裝書局，二〇一四五月），頁一〇八—一〇九。

註二：漢．司馬遷，《史記》（台北：宏業書局，民國七十九年十月十五日），頁九一〇。

註三：孟瑤，《中國文學史》（台北：大中國出版，民國八十二年六月，第四版），頁三〇三。

註四：同註一，頁一一〇—一一三。

註五：《金剛經》註解，可見星雲大師著，《成就的祕訣：金剛經》（台北：有鹿文化出版，二〇一一年二月二十一日，初版三十五刷），附錄二。

註六：同註五，頁二二〇。

註七：吳傳國、時秋華，〈從政治發展觀點探析習近平反貪的挑戰與影響〉，《中華戰略學刊》（台北：中華戰略學會，民國一〇四年三月卅一日），頁一—四五。

第十六章　反恐，誰才是恐怖主義者？

反恐的溯源追因

歷史，尤其是戰史，是人類文明文化發展過程中，極為珍貴的「智慧寶庫」，任何人若能從歷史或戰史中「取經」，就是取得一點點，也能讓你領悟出「開創性智慧」。例如，孫子、吳起為什麼從未打過敗仗？就算已經面臨即將死亡，為什麼死人還能嚇跑攻來的大軍（孔明和司馬懿）？孔明周瑜智慧相當為何每次孔明是贏家？努兒哈赤如何以六萬兵力用內線作戰法，在薩爾滸大敗明四十萬大軍？？許多的智慧不拿來用真可惜？

拿破崙對自己的戰略素養來源，曾說得之於反覆研讀亞歷山大帝、漢尼拔、凱撒、古斯托夫、菲特烈大帝等八十四個戰役所歸納出來的戰略智慧。（該五人即西方五大名將，亦叫五大戰略家）

一九九一年波斯灣戰爭，美軍指揮官史瓦茲可夫（Schwarzkopf），對這場勝仗的戰略指導，曾說領悟自漢尼拔（Hannibal Barca, 247BC~183BC, 北非 Carthage 人）的坎尼（Cannae）會戰。

每一個想成就大事業、想創造千秋大業的人，都要從歷史取經，取得前人失敗的經驗教訓，取得前人致勝全勝的智慧法則，才能在當下人生，打一場漂亮、空前的大勝仗。孫子、孔明、漢尼拔、拿破崙等，皆如是取經，才能開創典範新局；否則，他們也會和我一樣，上校退伍，領一點退休金過日子，搖搖筆杆，美其名曰作傢，苟活於海島亂世！

「九一一」震驚全世界，嚇壞了所有美國人的狠角色賓拉登，對美國控制、侵略阿拉伯世界，掌控阿拉伯資源，在阿拉伯各國製造分裂戰爭，已忍無可忍。賓拉登深研各種戰史，尤其伊斯蘭和基督兩界戰史，他想要找到一個戰略，可以打敗或至少教訓美國人。他曾經期待伊斯蘭國家能團結對付美國，全都落空，因為地球上沒有任何國家能以正規軍戰法，與美軍對戰。

最後，他放棄所有「正規戰」，放棄對「國家」的期待，不要國家，放棄組建軍隊。而以「無軍隊、無武力、無預算」的一支神鬼不測的無形力量，發動「九一一」攻擊。人類的戰爭型態提昇到第四波，賓拉登是「第四波戰爭」的開山鼻祖。（註一）關於賓拉登完整的人生和他的基地組織，可讀《本・拉登傳》。（註二）以下針對「九一一戰爭」溯源追因。

第一、兩個神的千年決戰，人打「代理戰爭」。基督教的神雖有教派差異，不外是上帝、耶蘇和瑪麗或所謂「三位一體」，他們認為自己信仰的神是「宇宙間唯一的真神」，其他都是邪魔，是必須消滅的對像。此種信仰之教派，在宗教學上叫「一神教」，其教義基本理論就稱「一神論」。偏偏伊斯蘭教（在中國稱回教）的阿拉真神，也是一神教、一神論，在各國可能小有差異，例如在中國的回教徒較溫和。

假如兩個一神教的世界，永不碰頭，一在東、一在西各自發展都沒事。可惜雙方都有「吃下整個世界」的壯志，事情便永無善了的可能，因為唯一的真神當然要消滅所有的魔鬼。這種事是「零和遊戲」，是二選一的是非題，更是死或生的決戰。但最早先結下梁子的是那一方？回到西方史找答案。

第二、十字軍東征結下千年梁子解不開。西元十一世紀末，歐洲教會最高統治者羅馬天主教會，企圖建立「世界教會」，使整個世界「基督化」，把目光指向地中海東方的伊斯蘭教信仰各國。

一〇九五年，在法國南部克勒芒宗教會議上，教皇烏爾班二世號召基督徒東征。宣稱：「穆斯林佔領了我們基督徒的聖地（耶路撒冷），我代表上帝下令，號召你們，把那邪惡的種族從我們土地上消滅乾淨。」凡參加東征者，軍服上繡「十」字，一生所犯的罪全部赦免，史稱「十字軍東征」。

十字軍東征歷時兩百年，發動過十一次東侵大戰。基督大軍所到之處，大肆掠奪、屠殺，無數城鎮被洗劫、滅村滅城，很難想像基督教的「神愛世人」，是把不同信仰的人殺光光。這種天生的「基因」不會改變，到十九、二十世紀，由基督文化發展出來的資本主義，還是對全世界進行大掠奪。反觀伊斯蘭文化，他們並未進行大報復，當回教徒終於又光復了城池，並未對基督徒展開大屠殺。電影〈王者天下〉，演的正是伊斯蘭這段「以德報怨」情節。但所謂「以德報怨」通常是最高領導的政治籌碼，廣大的全民族底層民眾不會認同，民怨民恨仍存在人民的意識中，以阿深仇正是千年積累的恨。

由於這種千年之恨，加上十九、廿世紀，英美基督教世界利用強大武力，掠奪阿拉伯世界資源，喚醒他們的民族主義，他們要復興（復仇和復興常是並存的）。是故，從廿世紀以來，阿拉伯各國有各種「伊斯蘭復興組織」出現，他們終極目標要使「英美和以色列恐怖國家從地球上消失，尤其美國，更是頭號敵人。」所以，到底誰才是終極恐怖主義者？

第三、英美強權以民主之名對伊斯蘭世界進行和平與武力雙重控制。本應應是引起各國反美浪潮的近因，也是刺激各「組織」發動攻擊的主因。英美強權始終企圖把「美式民主」推向全世界，包含伊斯蘭各國，凡不合「美式民主」者，便無所不用其極的醜化。和平演變不成，便以武力侵略（任意編個理由便可出兵），目的不外控制市場和石油。

二戰後以色列在巴勒斯坦建國，爆發四次中東戰爭。伊斯蘭世界認為，反猶反美是同一陣線，也就是說，以色列和美國都是伊斯蘭的頭號敵人。阿拉的子民有權為爭生存反恐，美國為掌控地盤也要反恐，一個地球便牽一髮動全身，到處在反恐！

到處反恐、處處皆恐、越反越恐

年青時讀書，老師或課本總說「人是萬物之靈」，天文學家常說，「到目前為止，人類是宇宙間唯一的智慧生物。」又說，「未來在宇宙某處，不排除也有智慧生物。」我也相信，那可能是幾萬年後。

當我大約中年後，按我的觀察理解，越來越懷疑人類的智慧和靈性，因為人太容易被「洗腦」了。或者應該說，除極少數有獨立判斷的能力和智慧者，絕大多數是被權力（利）、權威、政客、「巨人」或意識型態等，牽著鼻子走，牽之東往東，牽之西往西，各領域皆如是。

反恐也是，台灣都是跟著「美式價值」走，美國人說張三是壞蛋，台灣人毫無思索能力也說張三是大壞蛋，仔細觀察其他方面皆如此。幾可證明，台灣人有判斷力有智慧者是極少數的。學忠這首〈反恐、反恐〉，顯示詩人是那種有獨立判斷力、有智慧的人。（註三）

車轔轔、霧蒙蒙

公安、保安、武警、軍警
全民皆兵
三步並作兩步
日夜兼程
向頓涅茨克
盧甘斯克
發動全面進攻

反恐、反恐
反恐是一場流血的戰爭
如同太平盛世
優雅、舒適的臥室
突然闖進幾隻蒼蠅
必須迅速殲滅之
完全、徹底、乾淨
這是每個國家的公務員
神聖的職責和使命

反恐、反恐
圖爾奇諾夫總統簽署命令
隊伍浩浩蕩蕩
每雙眸子裡
都閃爍著忠誠
戰鬥很激烈
戰士很英勇
盡管風刮得很急
雨下的很凶

基輔反恐
莫斯科反恐
華盛頓反恐
東京也反恐
總統與總統
結成反恐聯盟

地球一個村
反恐是一場與時俱進
同心協力的新型戰爭

不言民族仇恨
沒有階級鬥爭
亞非歐、拉丁美
反恐代表著時尚、時髦、時興
本拉登是恐
亞努科維奇是恐
丹尼斯·普希林是恐
在任的總統反恐
被罷黜的總統是恐

反恐、反恐
從基輔到莫斯科
從華盛頓到東京

再到耶路撒冷
一樣的聲音
不一樣的心情
恐是恐懼、恐怖
像SARS
魔鬼奸邪的叫聲

十惡不赦的恐
無孔不入的恐
使我想起古羅馬鬥技場裡
那些角鬥士
供奉在靖國神社裡的
一群幽靈
基輔、克里米亞
頓涅茨克、盧甘斯克
當今世界並不太平……

這首詩也證明我的觀察，極少人是有智慧有判斷能力的，導至這個世界很不太平。如倭國靖國神社裡那群比豬還笨的幽靈（東條英機、土肥原賢二、松井石根、林村兵太郎、板垣征四郎……等一群死豬八戒），難道他們不知道侵略別國是罪嗎？不知道到別國奪人妻女是惡嗎？然而他們只聽到一些「神話」，說「消滅中國是他們的天命」，他們信以為真，便永不止息的發動戰爭，真是低能、腦殘到了極點，不像是人類的作為。

美國人號稱全球最先進，但也很低能。一群政客、軍火商、資本家，聯手進行「密謀宣傳」，說「伊拉克藏有毀滅性武器」，人民就都信以為真，發動侵略戰爭，無辜百姓死了百萬人，戰後說「找不到毀滅性武器」，行為和國際大流氓、大土匪沒兩樣。不僅如此，今日地球上的戰亂（包含IS伊斯蘭），可以說是美國人一手製造出來，美國是現代先進的「隱形帝國主義」。

可以這麼說，美國是現代「叢林」裡最大的一隻掠食者，很多的伙伴、跟班、附庸、被保護者，都必須聽美國使喚，經常要獻上「好禮」。例如學忠在〈「和平」總統〉一詩質疑的，奧巴馬在六年任期內，親自授命對阿富汗、巴基斯坦、伊拉克、敘利亞等七國，進行了無數次轟炸，炸死炸傷平民數十萬，數百萬人無家可歸、流離失所。諷刺的是，奧巴馬竟是諾貝爾和平獎得主，這世界是不是很顛倒、很詭異？賞讀學忠這首詩。（註四）

日本首相東條英機
血洗南京
美其名
為了大東亞共榮
美國總統奧巴馬
指揮大兵
濫炸他國百姓
名曰反恐……

邏輯相似
異曲同工
從坎大哈到班加西
從巴比倫到塞布拉塔古城
安寧的日子
瞬間沒有蹤影
B52、大黃蜂
轟隆隆、轟隆隆

炸碎善良人們和諧夢

逆我者死
順我者生
聰明彈、鑽地彈
煙騰騰、火熊熊
橋梁坍塌了
醫院坍塌了
學校坍塌了
哭叫聲、詛咒聲
與淚光、血光輝映

大洋彼岸的白宮
「和平」總統
和軍火商大亨
眼睛笑成一條縫
訂單雪片飛來

金子逐浪湧
可憐他國百姓
老人、婦女、兒童
比東條英機試驗場上的境遇
更慘更痛

中國有個詩人叫艾青
說話像針扎
能刺疼麻痺的神經
他說：想讓
統治者把鐐銬鑄成花瓶
軍火商不再鼓動戰爭
立法者與乞丐散步談天
棺材店老板不希望瘟疫流行
是做白日夢

豺狼虎豹吃人是本性

軍火商鼓勵動戰爭
發動戰爭是本能
只是那「諾貝爾老人」
把金燦燦的和平勛章
獎給戰爭販子
讓我想不通
俗話說鬼怕惡人
難道，這世界
再無正義、安寧……

我說給很多人聽，但很多人不敢相信，「美國打越戰、入侵伊拉克，根本原因是軍火商要「出清」庫房裡的軍品存貨，及解決兵工廠的大量失業工人。」許多人不敢相信，都是長期受美式價值觀洗腦，以為美國人真的在為正義和平而努力。殊不知，美國任何軍品，核彈到航母，全都是民營企業，以賺錢為目的。韓戰結束後，各地介入的戰事不夠大不夠多，許多軍品堆在庫房出不去，工廠面臨關閉，工人失業等社會問題。而伊拉克戰爭前清況也大致如是，國際上有各種「戰機」，只要資本家說動政客，各方有利可圖，戰爭就爆發了，反正自己人死的少，別國人死的多。說來很荒唐，事實上是如此，你還是不敢相信嗎？還是不願意相信？只願意相信美國人真的是「國際警察」！他們只為世界和平與正義而戰！若然，你的腦袋中毒真是不輕啊！

說到諾貝爾獎，本質上根本也是西方霸權文化和資本主義社會的工具，就這個獎的本身也完全是一個「西瓜靠大邊」的心態。試想，科學類的獎，在過去百年吾國落後也就罷了！文史哲和社會、文化等類，中國的作品論質論量，比西方差嗎？但九成五以上全給英美等強盛國家拿走了。西方現在看到吾國崛起，才把文學獎施捨一個名額，頒給莫言，簡直把我們中國當成一個沒有文化、沒有文明的蠻荒國度。

再說到所謂「諾貝爾和平獎」，根本也是配合美國霸權的需要，看要對那個國家進行分裂的「政治需要」，這當中頒給西藏浪人達賴刺嘛最可疑。全世界都知道，英美暗中支持西藏獨立，達賴流亡組織的經費也是美國在支持的。這種表面支持「一中」，暗裡卻進行永久分裂中國的勾當，最為惡劣。中國人民一定要睜大眼睛看清楚，要主動進行反制，不要任人宰割，以其人之道還其身，我著書立說，鼓勵美國黑人在南方建立「黑人美國」。（註五）

再說美國的人權狀況，也應該是全球最差的，黑白的不平等，黑人被歧視、被任意殺害，經常發生大爆動，那一次不是用軍隊鎮壓才平息的。但別國若有用軍隊處理群眾運動，定被美國人不斷醜化，說人家是流氓國家，其實美國才是全球最大的流氓國家。

美國的權力、財富都在白人手上，司法、檢查、議員及中上層的公務員、國安體係、資本家等等，九成以上是白人。目前美國的監獄中，有大約關著二百五十萬的「黑犯人」，但白人很少被判刑入獄的，每次的黑人被白人警察任意殺害，幾乎都判無罪；有時不得不判刑，也是意思意思，事過境遷又放人了。此等事幾乎全世界都知道，非我可以胡言，美國社會的不平等、不人道、無人權，應該受到批判！正常的人類社會不該是美式民主那個樣子。

美國人所謂的「自由、民主、競爭」，只是達爾文進化論弱肉強食的舞台，這種舞台只適用在人類以外的動植物世界，如非洲原野的獅虎犬羊的生存遊戲，沒有文化也沒有文明，我預判，美式民主社會，將在廿一世紀中葉前，被人類揚棄，拋入歷史墳場之中。

我再次提醒美國黑人，良心的警告，「你們若想得到真平等、自由、尊嚴，只有另外建國，南方是你們的家園，全部回到南方另建黑人國，以強大的武力，可維持白人對你們的基本尊重；捨此，美國黑人永遠別想和白人平起平坐，歐巴馬也無法改變這個本質性問題。」

因為有美國，地球上才到處反恐、處處皆恐、越反越恐。中國在崛起的過程，從現在開始，要很小心美國，他們不干心衰落的命運，必然要反撲，美國才是地球上最大的恐怖主義者、最大的流氓國家。

美國海軍濱海戰鬥艦沃思堡號近期巡弋南海，11日在南海遭遇解放軍054A型鹽城號護衛艦跟隨監控（後方紅圈處）。

（中央社摘自美國海軍官網）

中國時報 2015.5.14.

啊！全球中國人要清醒，美國才是最可怕的恐怖主義者

正當吾國在自家後院的水池裡施工，為未來的國防須要和安全，預做一些防衛工事，美國就派軍艦到我後院示威。（均如圖）美國動不動就派兵到我們家門口，揮舞著他們先進製造的兵器，「這不是侵略這是什麼?」我認為，依法依理，美國對中國已構成「侵略」要件。

侵略(Aggressicn)的界說,依一九三三年五月裁軍會議的安全問題委員會(Committee on security Questions）通過的宣言中釐定，在國際爭端中，任何一國首先採取下列任何一種行動，都是侵略：（註六）

（一）向另一國宣戰。

（二）不經宣戰，武裝侵入另一國的領土。

（三）不經宣戰，用武力攻擊另一國領土、軍艦或飛機。

（四）未得另一國的許可，以陸、海或空軍進入該國國境;或違反此種許可的條件，尤其是關於駐留期限或地域的擴展。

（五）對另一國的海岸或港口實施海上封鎖。

美國在吾國南海的行為，合乎（二）項「不經宣戰，武裝侵入另一國的領土。」也合乎第（四）項，未經許可入侵吾國國境、國家之「領土」，包含領空、領海。但聯合國對何謂「侵略」?也始終沒有明確定義。

美防長密談中方亮底牌（資料來源：2015.6.網路）

最近美國防長來華，據知情者透露，這是二戰後關於國際新秩序問題的一次攤牌式會談！儘管不是元首級別的會談，但內容確是核心級別的，帶有雙方互相試探的性質！中國政府攤出以下底牌：

一、釣魚島問題、琉球群島問題是二戰遺留問題，必須按照《波茲坦公告》以及《開羅宣言》、日本投降書等二戰結束時法律文獻加以解決！

二、中國永遠尊重和銘記美國在第二次世界大戰反法西斯戰爭中作出的貢獻，特別是美國在反法西斯戰爭中對中國的援助！

三、美國應該充分尊重中國在第二次世界大戰反法西斯戰爭中所作出的巨大努力和犧牲。作為主要戰勝國，中國的主張和權利應該得到尊重！

四、琉球群島主權屬於中國，行政管轄權美、日必須和平交還中國！對於美國在琉球群島解放中作出的貢獻中國將予以補償：
1、中國政府將在琉球群島修建陣亡美軍紀念碑和烈士陵園！
2、對健在的曾經參加過對日作戰的美國二戰老兵，發放紀念勳章和撫恤金！
3、琉球群島行政管轄權和平交還中國後，中國願意認同基於二戰延續的與美國的盟國關係，如果美國願意，中美可以簽訂軍事合作協定，基於協議美國在不損害中國安全利益情況下，可以繼續在琉球駐軍。
4、中國充分尊重美國在琉球群島其他利益！
5、琉球群島將參照香港模式自治，成為自由港。

五、中國無意與美國開展軍備競賽，也無意爭奪美國世界第一大國的位置！中國尊重美國在世界和平與發展中的建設性作用！

六、中國海軍發展航母的終極目標是七艘。戰略作戰範圍向東將不會超過東經 160 度。其用途主要是：
1、警戒和威懾日本軍國主義勢力、納粹勢力的發展！
2、警戒和威懾東南亞南個別國家對南海諸島的覬覦！
3、警戒和威懾印度封鎖印度洋航道的企圖！
4、警戒和威懾海盜分子！
5、開展國際人道主義救援！
6、開展與其他聯合國安理會常任理事國達成共識的軍事或非軍事行動！

美國不僅在南海挑釁吾國，在東海也是，在香港、台灣、新疆、西藏等敏感地帶都在點火，十足的流氓國家。為何美國不斷挑釁吾國，因為時間對他越來越不利，他們要想透過戰爭解決經濟問題。在《二〇二〇中國與美國終須一戰》一書有如下解析。（註⑦）

第一、戰爭時機。種種跡象顯示，美國經濟已走投無路，軍事解決時機越早越好。所以美國到處挑釁吾國，意在創造時機，目前美國仍有發動戰爭的主動權，時機對美國有利，對吾國不利。中國人要牢記小平同志的話，「不要太早把頭伸出來」！

第二、戰爭時間。二〇二〇年最為關鍵點，這一年吾國的「北斗系統」開始全球運作。「北斗」是吾國未來十年最重要的軍事（國家總體）大工程，其次航母，再次是第四代戰機。只要撐過二〇二〇年，吾國便立於不敗之地，而美國則想在二〇二〇前的有利時機開戰。

第三、軍事裝備。美國仍有最大優勢，大約二〇三〇年後，中國在航空和航天才有局部超越美國。但裝備並非一定致勝，越戰時美軍以優勢裝備而敗退。

第四、外交士氣。外交是美國的強項，中國的弱項。士氣是美國軍隊的問題，因男女混編、募兵、政治覺醒和軍中同性戀，使士氣江河日下。

第五、後勤補給。若攻打中國，後勤補給成為美國的最弱項，中國不是伊拉克，戰事爆發所需要的後勤，美國承擔不起。

小結中美如果開戰，只要解放軍不遠離國境作戰，美軍是贏不了的。尤其在台灣海峽作戰，若日本也參一腳，結果定是亡國。中國有幾千年的戰爭經驗，特別精於謀略，中美對戰，解放軍對策是「不對稱戰爭」，這是以弱擊強的戰略。

我相信所有的「老大」都不想當老二，但中國的崛起和美國的衰落已成定局，老大當然不干心，老大一定要挽回一些顏面。所以，面對未來，對中國人而言，美國人會是最可怕的恐怖主義者，凡我中國人要小心應付，一步步實現「中國夢」。

註 釋：

註一：陳福成，《第四波戰爭開山鼻祖賓拉登：及戰爭之常變研究要綱》（台北：文史哲出版社，二〇一一年七月）。

註二：簡・薩森、納伊瓦・本・拉登、奧瑪・本・拉登合著，《本・拉登傳》（北京：金城出版社，二〇一〇年八月）。台灣用「賓拉登」，大陸用本拉登」。

註三：王學忠，《我知道風兒朝哪個方向吹》（詩歌卷）（北京：線裝書局，二〇一四年五月。）頁一五九—一六二。

註四：同註三，頁一六三—一六六。

註五：陳福成，《神劍與屠刀：人類學研究》（台北：文史哲出版社，二〇〇九年十月）。

註六：《雲五社會科學大辭典》第四冊，《國際關係》（台北：台灣商務印書館，民國七十四年四月增訂三版），頁一八〇。

註七：YST，《二〇二〇中國與美國終須一戰》（台北：如果出版公司，二〇一四年七月），第五章。

第十七章 《我知道風兒朝哪個方向吹》詩歌卷補說

一、敗者為寇？中國文化另有終極平反平衡正義機制

下面這張剪報，經由人類學家研究確認，是人類在四十三萬年前的一起兇殺案。當時人類的文明文化應該尚未開始，我的詮釋是早在四十三萬年前，可能是「類人」正快要進化到「人類」，就已有兇殺，甚至謀殺、打群架、相互攻擊等情事。即有此等事，必有輸贏，就自然會出現「勝者為王，敗者為寇」的結局。

當人類的文明文化尚未開始，所有的行為只有一種「動物性的本能」，輸贏沒有文明文化的意義。例如，剪報中這位「尼安德塔人」大哥哥，可能是某一陣營的領導，但他打了敗仗，受傷或被殺，成了敗者為寇，他永遠是寇，因為沒有文明文化，無法產生

世界最早兇殺案 43萬年前發生

中國時報 2015.5.29

（編譯魏國金／綜合報導）四十三萬年前，一名尼安德塔人因頭部重創致死，他的遺體被拋至後世稱為「骨頭坑」（Pit of Bones）的萬人塚，他的屍骨就這樣淹沒在時間洪流中，直到現在，科學家才揭開這起迄今已知全世界最早的兇殺案。

廿七日發表於「公共科學圖書館」（PLOS One）期刊的研究中，科學家根據罹難者兩個寬達兩公分裂口的頭骨，重建這名史前人類之死。

這枚頭骨是在西班牙北部阿塔普埃爾卡山的「骨頭坑」發現，這枚被標定為「頭蓋骨十七」的頭骨，其左眼上方前額處有兩個穿透性裂口，雖有可能是狩獵意外或失足所致，但研究人員認為，他遭另一人致命攻擊是最可能的解釋。傷口沒有復原跡象，顯示罹難者在受傷復原前就喪命了。

研究主要撰文者、馬德里康普斯頓大學古生物學家薩拉補充，裂口的形狀、大小與位置顯示，傷口可能是在面對面打鬥中遭單一器械造成的。薩拉也說，兩次的重擊都是致命性的，皆刺入大腦，「多重的傷口彰顯殺人的意圖」。

尼安德塔人是在七十萬年前至廿萬年前在歐洲、非洲，也可能在亞洲生活的古人種，而這起已知最早的兇殺案比我們所屬的智人人種首次出現於非洲還早了廿三萬年。尼安德塔人是第一個生活在較冷氣候的人種，也是第一個時常獵殺大型動物，以及興建庇護處的人種。

而「骨頭坑」的發現也顯示，尼安德塔人會看顧死者。研究人員認為，該處出土的廿八人骨骸是被蓄意放置於該處的，夸姆說：「其他人到豎井上方，將社群中的亡故者往下放，而形成了某種原始公墓，或喪葬習俗的表現。」果真如此，「骨頭坑」也是已知全世界最早的墓葬習俗之證據。

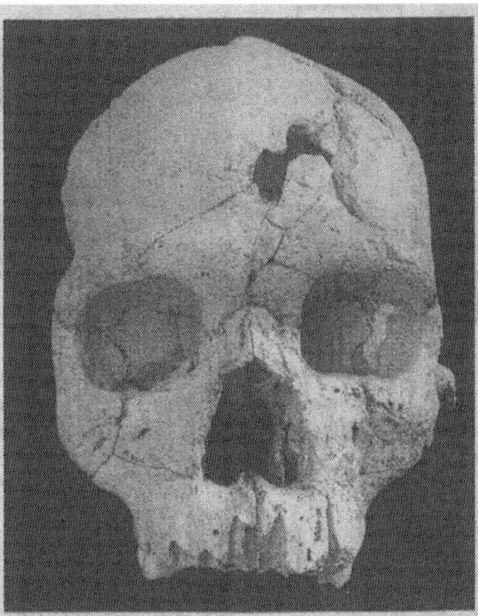

這枚43萬年前的尼安德塔人頭骨顯示兇殺傷痕：前額兩個裂口是被同一武器攻擊所致。（路透）

「終極平反平衡機制」，人類有了文明文化之後，便有完全不同的詮釋和意涵，勝敗都成為「暫時」！

怎麼說呢？當人類有了文明文化後，各種競爭本有輸贏，在現實世界中，勝者未必是正人君子，用的致勝之道也未必合乎仁義道德原則，乃至違反共同的遊戲規則，但贏了就是贏了，勝者在當下為王；反之，在另一方，輸者未必是壞人壞蛋，競爭過程用的方法可能更合仁義道德原則，也遵守共同遊戲規則，但在那當下，輸了就是輸了，敗者在當下確實是寇。

當人類有了文明文化，產生了歷史，所有的事情便要在歷史上的史書、教科書或經典中，有一個「合理」、合乎「正義」的解釋，此謂之「歷史正義」。任何人、事或事件，要有合乎歷史正義的解釋，人類的文明文化才有向前發展的意義，若永遠停在「敗者為寇」，則人類和動物乃至四十三萬年前的「尼安德塔人」，並無差別！

舉東西方史例說明，電影《三百壯士》很多人看過，沒看過也聽過他們的故事，那三百壯士敗得多慘！全數陣亡，當時為寇；後世史家及後人，給他們獻上無尚尊榮，位列英雄豪傑殿堂，這便是人類文化中的一種「終極平反平衡正義機制」。中國文化對這個機制更重視，且透過歷史正義、春秋史官及宗教信仰，維護此一機制。

中國歷史發展中以失敗收場者，不許其數。孔明、文天祥、岳飛、鄭成功、蔣中正等人，他們有生之年堅持的事業理想都未成，有的兵敗如山倒至亡命小島。還有更多例子，黃花崗烈士死的多慘！無人敢去收屍！凡此等等，在那當時，他們真的為寇為囚或犧牲寶貴生命，真的虧很大。但後人、史家給他們平反，給他們立廟，讓後世子孫以他們為典範，肯定他們的歷史定位，封為聖賢英雄豪傑烈士。這是中國文化的「終極平反平衡正義機制」，故說「敗者為寇」是暫時的，並非永恆的。經我解說，再賞讀學忠這首〈敗者為寇〉。（註一）

無論飛禽走獸
還是庶民、君候
敗了，束手就擒
生死捏在他人手

說寇即寇
說囚即囚
猶如待宰的禽獸
先前的輝煌一筆勾
憑任屎盒子、尿罐子
往頭上扣

有的生下來
說誰寇即寇
有的到死
也是階下囚

流寇、草寇皆敵寇
須擒之、砍頭
有的不干心為囚、為肉
性子執拗
刀架脖子上
還唱「敢灑熱血寫春秋」……

人世間很多事，「短期間」（人的一世）看不出價值，也無法解釋，如「善有善報、惡有惡報」，短暫的一生都未必如是。但放到三世、放上歷史，就有了價值，也可以解釋。文天祥不是「到死也是階下囚」嗎？方孝儒不僅敢灑熱血寫春秋，且當廷罵篡竊者「便誅十族奈我何？」便成千上萬人頭落地。古今中外都有類似這樣的「殉道者」，他們堅持正義信仰，富貴不能淫，威武不能屈，人頭落地也不懼，視死如歸以保持人格尊嚴，無論如何！都深值我們敬重。

不光是文天祥、方孝孺、史可法等聖賢典範，相信在國共內戰、在文革時期，也有許多像這種威武不屈、富貴不淫，乃至殉道、殉國者。否則大陸北京八寶山，台灣圓山忠烈祠、金門太武山公墓，何來這麼多英雄豪傑烈士？他們之中有不少當年兵敗不降、壯烈成仁者，從世間當下看他們，暫時是敗者為寇。但進入忠烈祠讓他們回到歷史正義，成為永恆的神祇，這是終極平反！終極補償！

二、有文明文化的國度應盡最大可能減少冤獄

若我說要一個國家裡「零冤獄」，那我真是太「白目」，也太不食人間煙火，甚至根本太不懂事、太無知了。因為古今中外，沒有那個朝代、那個國家，能做到始終「零冤獄」的。或許我該說，只有佛教的西方極樂世界沒有冤獄。是故，我說像吾國這樣有文明文化的偉大國度、正在崛起成為將要領導國際的強國，應該盡最大可能減少冤獄。

但這可能正好碰到一黨專政、黨國體制的最大難題，大陸雖積極進行政治改革，黨國體制的本質則不可能改變。這種體制最大優點是效率，最大缺點是沒有監督、制衡機制，公務員很容易無法無天、貪污腐敗。反映在獄政，則是「有錢判生、無錢判死」，

冤獄特別多。我不必看王學忠的詩，就可以從理論、學術判斷，大陸目前的冤獄，極可能和美國黑人的冤獄，差不多！一樣多！

學忠的〈獄中記事〉組詩，分別有〈告狀〉、〈訓誡所〉、〈午餐〉、〈訓誡〉、〈出獄〉五組集成，他用第一人稱書寫，通常有作者自己經歷之意。我高度懷疑這是學忠自己碰到的事，賞讀最後一組〈出獄〉。（註二）

那天，風和日麗
女兒來接我出獄
像突然看到訓誡所倒塌
一輪紅日心底升起
趕快收拾東西
不，統統留下連同不能忘卻的記憶

關押48小時
終於獲釋
管他屬不屬非法拘禁
如今這世道

連是與非都弄不明白
還辨什麼黑白監獄

汽車在山道上奔馳
路邊犬吠啼不住
訓誡所已消失在煙霧裡
女兒說：告他們非法拘禁
我說算了吧
打了個雞蛋碰石頭的比喻

靜靜地坐在車裡
聽犬吠雞啼
猛然，想起老鄉岳飛
風波亭含冤就義
想起「莫須有」
禁不住顫抖不止……

我雖著書立說，支持「中國式民主政治」，支持目前中國的一黨專政。（註三）但這種體制要對公權力，產生監督、制衡作用，幾乎是「無解的習題」，不可能的任務，不知有那位政治家可以解決這個問題？是故，擺在吾國面前，天大的問題還很多。內政方面，如何建立好的制度，可以減少貪污腐敗和獄政黑暗，其實二者是連結掛勾的。外交方面，英美日本都不懷好意，不像朋友，倒更像敵人，隨時都想利用機會，分裂我們！搞垮我們！不論內外，有點閃失，必使「中國夢」真的只是一場夢！

純就一個「正常的國家」，有太多冤獄，表示這「不是一個正常的國家」，國家對不起人民，升高民怨，對國家或政府都是危機。

學忠這首〈獄中記事〉，除以第一人稱表達，在內容語氣也像自己碰到的倒霉事。希望我的判斷是錯的，但他現在至少雨過天晴。這樣一個艱困走來還能堅持詩人的真性情，老天爺應該好好善待他，以彰顯人間正義的存在和價值。

學忠這本詩集另有〈愛的思索〉及一些社會家庭悲劇等作品，談情說愛（情詩）並非學忠的強項。這可能是他的所有作品充滿著對底層弱勢工農、對國家民族、對社會和黨的大愛，情詩就沒去好好耕耘了。但我希望學忠，對老婆的愛不可少半分，不可缺一點！

花了三個多月，專心讀學忠的詩作，思考他的想法，企圖進入他的世界，才能多理解他一些，讀懂他的心，否則我有什麼資格，說「我是王學忠在台灣的知音」？

學忠另本散文文論集，我讀起來大約可視為他的詩歌思想的散文論述表達。例如〈詩歌中不可無鈣〉、〈詩歌貼近老百姓〉、〈魯迅文學獎要寧缺毋濫〉等，都用詩的形式表達過。感動人的文學作品用各種形式表述展演，可以吸引不同族群的不同閱讀人口，吾國歷史上的經典，《西遊記》、《三國》等，電影、電視、卡通、舞台劇……不知有多少種不同的藝術表現！吸引著各種不同類型的藝文愛好者，影響力也在不知不覺中產生了。

從幾年前看到學忠的第一本詩集，《未穿衣裳的年華》，便被他詩文中自然、真性情所吸引，有如小時候看《西遊記》、《三國》故事書，一集一集的看下去。

希望王學忠一直寫下去，以他的人品詩品，影響這一代的中國人，他的影響力一定會越來越大。直到他有一天老去，他的人品詩品也同樣會流傳，影響後代的炎黃子孫，影響著中華民族代代子民！（台北公館蟾蜍山萬盛草堂主人　陳福成　完稿誌於二〇一五年六月底）

註　釋：

註一：王學忠，《我知道風兒朝哪個方向吹》（詩歌卷）（北京：線裝書局，二〇一四年五月），頁九四－九五。

註二：同註一，全部組詩，頁一八七－一九四。

註三：陳福成，《找尋理想國：中國式民主政治研究要綱》（台北：文史哲出版社，二〇一一年二月）。

陳福成 80 著編譯作品彙編總集

編號	書　　名	出版社	出版時間	定價	字數（萬）	內容性質
1	決戰閏八月：後鄧時代中共武力犯台研究	金台灣	1995.7	250	10	軍事、政治
2	防衛大臺灣：臺海安全與三軍戰略大佈局	金台灣	1995.11	350	13	軍事、戰略
3	非常傳銷學：傳銷的陷阱與突圍對策	金台灣	1996.12	250	6	傳銷、直銷
4	國家安全與情治機關的弔詭	幼　獅	1998.7	200	9	國安、情治
5	國家安全與戰略關係	時　英	2000.3	300	10	國安、戰略研究
6	尋找一座山	慧　明	2002.2	260	2	現代詩集
7	解開兩岸 10 大弔詭	黎　明	2001.12	280	10	兩岸關係
8	孫子實戰經驗研究	黎　明	2003.7	290	10	兵學
9	大陸政策與兩岸關係	黎　明	2004.3	290	10	兩岸關係
10	五十不惑：一個軍校生的半生塵影	時　英	2004.5	300	13	前傳
11	中國戰爭歷代新詮	時　英	2006.7	350	16	戰爭研究
12	中國近代黨派發展研究新詮	時　英	2006.9	350	20	中國黨派
13	中國政治思想新詮	時　英	2006.9	400	40	政治思想
14	中國四大兵法家新詮：孫子、吳起、孫臏、孔明	時　英	2006.9	350	25	兵法家
15	春秋記實	時　英	2006.9	250	2	現代詩集
16	新領導與管理實務：新叢林時代領袖群倫的智慧	時　英	2008.3	350	13	領導、管理學
17	性情世界：陳福成的情詩集	時　英	2007.2	300	2	現代詩集
18	國家安全論壇	時　英	2007.2	350	10	國安、民族戰爭
19	頓悟學習	文史哲	2007.12	260	9	人生、頓悟、啟蒙
20	春秋正義	文史哲	2007.12	300	10	春秋論文選
21	公主與王子的夢幻	文史哲	2007.12	300	10	人生、愛情
22	幻夢花開一江山	文史哲	2008.3	200	2	傳統詩集
23	一個軍校生的臺大閒情	文史哲	2008.6	280	3	現代詩、散文
24	愛倫坡恐怖推理小說經典新選	文史哲	2009.2	280	10	翻譯小說
25	春秋詩選	文史哲	2009.2	380	5	現代詩集
26	神劍與屠刀（人類學論文集）	文史哲	2009.10	220	6	人類學
27	赤縣行腳・神州心旅	秀　威	2009.12	260	3	現代詩、傳統詩
28	八方風雨・性情世界	秀　威	2010.6	300	4	詩集、詩論
29	洄游的鮭魚：巴蜀返鄉記	文史哲	2010.1	300	9	詩、遊記、論文
30	古道・秋風・瘦筆	文史哲	2010.4	280	8	春秋散文
31	山西芮城劉焦智（鳳梅人）報研究	文史哲	2010.4	340	10	春秋人物
32	男人和女人的情話真話（一頁一小品）	秀　威	2010.11	250	8	男人女人人生智慧

陳福成80著編譯作品彙編總集

編號	書名	出版社	出版時間	定價	字數（萬）	內容性質
33	三月詩會研究：春秋大業18年	文史哲	2010.12	560	12	詩社研究
34	迷情・奇謀・輪迴（合訂本）	文史哲	2011.1	760	35	警世、情色
35	找尋理想國：中國式民主政治研究要綱	文史哲	2011.2	160	3	政治
36	在「鳳梅人」小橋上：中國山西芮城三人行	文史哲	2011.4	480	13	遊記
37	我所知道的孫大公（黃埔28期）	文史哲	2011.4	320	10	春秋人物
38	漸陳勇士陳宏傳：他和劉學慧的傳奇故事	文史哲	2011.5	260	10	春秋人物
39	大浩劫後：倭國「天譴說」溯源探解	文史哲	2011.6	160	3	歷史、天命
40	臺北公館地區開發史	唐 山	2011.7	200	5	地方誌
41	從皈依到短期出家：另一種人生體驗	唐 山	2012.4	240	4	學佛體驗
42	第四波戰爭開山鼻祖賓拉登	文史哲	2011.7	180	3	戰爭研究
43	臺大逸仙學會：中國統一的經營	文史哲	2011.8	280	6	統一之戰
44	金秋六人行：鄭州山西之旅	文史哲	2012.3	640	15	遊記、詩
45	中國神譜：中國民間信仰之理論與實務	文史哲	2012.1	680	20	民間信仰
46	中國當代平民詩人王學忠	文史哲	2012.4	380	10	詩人、詩品
47	三月詩會20年紀念別集	文史哲	2012.6	420	8	詩社研究
48	臺灣邊陲之美	文史哲	2012.9	300	6	詩歌、散文
49	政治學方法論概說	文史哲	2012.9	350	8	方法研究
50	西洋政治思想史概述	文史哲	2012.9	400	10	思想史
51	與君賞玩天地寬：陳福成作品評論與迴響	文史哲	2013.5	380	9	文學、文化
52	三世因緣書畫集：芳香幾世情	文史哲	2015.1	360		書法、國畫集
53	讀詩稗記：蟾蜍山萬盛草齋文存	文史哲	2013.3	450	10	讀詩、讀史
54	嚴謹與浪漫之間：詩俠范揚松	文史哲	2013.3	540	12	春秋人物
55	臺中開發史：兼臺中龍井陳家移臺略考	文史哲	2012.11	440	12	地方誌
56	最自在的是彩霞：臺大退休人員聯誼會	文史哲	2012.9	300	8	臺大校園
57	古晟的誕生：陳福成60詩選	文史哲	2013.4	440	3	現代詩集
58	臺大教官興衰錄：我的軍訓教官經驗回顧	文史哲	2013.10	360	8	臺大、教官
59	為中華民族的生存發展集百書疏：孫大公的思想主張書函手稿	文史哲	2013.7	480	10	書簡
60	把腳印典藏在雲端：三月詩會詩人手稿詩	文史哲	2014.2	540	3	手稿詩
61	英文單字研究：徹底理解英文單字記憶法	文史哲	2013.10	200	7	英文字研究
62	迷航記：黃埔情暨陸官44期一些閒話	文史哲	2013.5	500	10	軍旅記事
63	天帝教的中華文化意涵：掬一瓢《教訊》品天香	文史哲	2013.8	420	10	宗教思想
64	一信詩學研究：徐榮慶的文學生命風華	文史哲	2013.7	480	15	文學研究

陳福成 80 著編譯作品彙編總集

編號	書　　名	出版社	出版時間	定價	字數（萬）	內容性質
65	「日本問題」的終極處理：廿一世紀中國人的天命與扶桑省建設要綱	文史哲	2013.7	140	2	民族安全
66	留住末代書寫的身影：三月詩會詩人往來書簡	文史哲	2014.8	600	6	書簡、手稿
67	台北的前世今生：圖文說台北開發的故事	文史哲	2014.1	500	10	台北開發、史前史
68	奴婢妾匪到革命家之路：復興廣播電台謝雪紅訪講錄	文史哲	2014.2	700	25	重新定位謝雪紅
69	台北公館臺大地區考古・導覽：圖文說公館臺大的前世今生	文史哲	2014.5	440	10	考古・導覽
70	那些年我們是這樣寫情書的	文史哲	2015.01	460	15	書信、情書
71	那些年我們是這樣談戀愛的	文史哲				
72	我的革命檔案	文史哲	2014.5	420	4	革命檔案
73	我這一輩子幹了些什麼好事	文史哲	2014.8	500	4	人生記錄
74	最後一代書寫的身影：陳福成的往來殘簡殘存集	文史哲	2014.9	580	10	書簡
75	「外公」和「外婆」的詩	文史哲	2014.7	360	2	現代詩集
76	中國全民民主統一會北京行：兼全統會現況和發展	文史哲	2014.7	400	5	
77	六十後詩雜記現代詩集	文史哲	2014.6	340	2	現代詩集
78	胡爾泰現代詩臆說：發現一個詩人的桃花源	文史哲	2014.5	380	8	現代詩欣賞
79	從魯迅文學醫人魂救國魂說起：兼論中國新詩的精神重建	文史哲	2014.5	260	10	文學
80	洪門、青幫與哥老會研究：兼論中國近代秘密會黨	文史哲	2014.11	500	10	秘密會黨
81	台灣大學退休人員聯誼會第九屆理事長實記	文史哲			10	行誼・記錄
82	梁又平事件後：佛法對治風暴的沈思與學習	文史哲	2014.11	320	7	事件・人生
83						
84						
85						
86						
87						
88						
89						
90						
91						
92						
93						
94						

陳福成國防通識課程著編及其他作品

(各級學校教科書及其他)

編號	書名	出版社	教育部審定
1	國家安全概論(大學院校用)	幼獅	民國 86 年
2	國家安全概述(高中職、專科用)	幼獅	民國 86 年
3	國家安全概論(台灣大學專用書)	台大	(臺大不送審)
4	軍事研究(大專院校用)	全華	民國 95 年
5	國防通識(第一冊、高中學生用)	龍騰	民國 94 年課程要綱
6	國防通識(第二冊、高中學生用)	龍騰	同
7	國防通識(第三冊、高中學生用)	龍騰	同
8	國防通識(第四冊、高中學生用)	龍騰	同
9	國防通識(第一冊、教師專用)	龍騰	同
10	國防通識(第二冊、教師專用)	龍騰	同
11	國防通識(第三冊、教師專用)	龍騰	同
12	國防通識(第四冊、教師專用)	龍騰	同
13	臺灣大學退休人員聯誼會會務通訊	文史哲	

註:以上除編號 4,餘均非賣品,編號 4 至 12 均合著。

編號 13 定價一千元。